La vida y los secretos del Conde de Cagliostro

La vida y los secretos del Conde de Cagliostro

Luis Zepeda Castañeda

Grupo Editorial Tomo, S.A. de C.V.
Nicolás San Juan 1043
03100 México, D.F.

1a. edición, octubre 2002.

Nicolás San Juan 1043, Col. Del Valle
03100 México, D.F.
Tels. 5575-6615, 5575-8701 y 5575-0186
Fax. 5575-6695
http://www.grupotomo.com.mx
ISBN: 970-666-607-9
Miembro de la Cámara Nacional
de la Industria Editorial No 2961

Proyecto: Luis Zepeda Castañeda
Diseño de Portada: Emigdio Guevara
Formación Tipográfica: Servicios Editoriales Aguirre, S.C.
Supervisor de producción: Leonardo Figueroa

Impreso por Quebecor World Bogotá S.A.
Impreso en Colombia - Printed in Colombia

CONTENIDO

Exposición de motivos

Hace muchos años, llegó a mis manos un folletín que hablaba de la historia del Conde de Cagliostro. Me causó tan honda impresión, que nunca lo pude olvidar. No sólo eso, sino que me dediqué a recabar todo lo que sobre este contradictorio personaje se hubiera escrito. Se trata de una vida plena de aventuras, contrastes, sorpresas. Giuseppe Balsamo, llamado Conde de Cagliostro, era un hombre de inteligencia muy superior; con dotes poco frecuentes en un ser humano: Fue un gran médico, un hábil dibujante, un experto en joyas y piedras preciosas, un gran orador, un hipnotizador y magnetizador de altos vuelos.

Ágil, ingenioso, dominador de las manifestaciones de su temperamento, convincente, adivino, profeta y muchas otras interesantes características, le convierten en uno de los más contradictorios hombres que hayan pisado este planeta. Por desgracia no todas las facultades que poseía las aplicó en la forma correcta, y fue una vida que habiendo podido dejar valiosos ejemplos y enseñanzas positivas, ha pasado a la historia como uno de los más hábiles embaucadores y aventureros dispuestos a todo con tal de lograr sus propósitos.

Inocente niñez

Giuseppe Balsamo nació en la ciudad de Palermo en Sicilia, el 8 de junio de 1743.

Sus padres fueron el mercader Pietro Balsamo y la señora Felice Braconieri. Pertenecían a una clase de mediana condición económica.

Su madrina de bautizo fue su tía materna Catalina, quien estaba casada con un cambista de créditos de apellido Cagliari.

Pietro murió cuando Giuseppe era aún muy niño, y no habiendo los medios necesarios para que su madre se hiciera cargo de él, su manutención y estudios quedaron bajo la responsabilidad del matrimonio Cagliari.

Sus tutores tenían la intención de hacer de Giuseppe un hombre de bien, por lo que trataron de fomentar en el pequeño los buenos hábitos de estudio, las mejores maneras de comportarse en sociedad y los principios religiosos.

Se trataba de un infante inquieto, vivaracho y muy despierto. Travesuras de toda índole, desde las más ingenuas e inofensivas, hasta otras más importantes y de mayores consecuencias eran reportadas a su padrino y tutor.

Consideraron que lo más indicado para llevar a Giuseppe por el camino del bien y del orden, era internarlo en un seminario, en donde la disciplina y la rigidez pudieran lograr el objetivo deseado.

Con esa intención fue llevado al Seminario de San Roque en Palermo. Relataron la historia del pequeño al Rector, y le recomendaron muy especialmente que su conducta fuese vigilada con esmero.

Pero el joven Giuseppe, no mostró ser muy afecto al estudio. Sus calificaciones eran más bien bajas, lo que se debía a su inquietud y a su carácter bullicioso y no a la falta de capacidad e inteligencia, ya que era despierto, ingenioso y brillante. Solamente parecían interesarle la caligrafía y el dibujo, para los que mostraba cualidades notables.

Todas sus travesuras manifestaban claramente una inteligencia superior a la de sus compañeros de la misma edad y aún mayores. Varias veces se escapó del seminario y se presentó intempestivamente con sus tíos, que trataban de convencerlo de la necesidad de que estudiara. Regresaban con él al internado, pero su conducta seguía igual o peor y las fugas se repetían tan frecuentemente como se presentaban las oportunidades de que lo hiciera.

Cagliari, cansado de insistir y ante los nulos resultados, había amenazado a su esposa con abandonar a su suerte a Giuseppe. Sólo los ruegos de su esposa le hacían cambiar de opinión y aceptaba un esfuerzo más en busca de lograr una mejoría en la actitud y comportamiento del ahijado.

Buscando mayor disciplina y control, el Padre General de los Buenos Hermanos lo llevó al convento de Calatagirona. Recibió los hábitos de novicio y se colocó como ayudante y aprendiz del boticario.

El hermano Maffei, profesor de química, muy versado en ciencias naturales y en medicina, encargado del laboratorio y de la botica, le tomó cariño al inteligente joven y se ganó su confianza.

El tiempo que trabajaba en la botica o en el laboratorio absorbía su interés por completo, lo que hizo que su conducta mejorara un poco por lo menos en el tiempo que dedicaba a estas ocupaciones. Esto lo hizo recibir un adiestramiento importante en química, física y preparación de los medicamentos, así como en el conocimiento de las enfermedades y la aplicación de los remedios.

El resto del tiempo, lo empleaba en parte a sus obligaciones, a las que era tan adicto. Se esmeraba en planear y urdir las más increíbles e ingeniosas tretas para hacer víctima de ellas a sus compañeros y a sus superiores.

Frecuentemente era llamado para ser reprendido y se le aplicaban los castigos acostumbrados, que parecía afectaban muy poco a nuestro personaje, que lejos de sentirse compungido y avergonzado, gozaba en su interior por lo agudo e ingenioso de sus hazañas.

Era costumbre en el convento, como en muchos otros, que dedicaran algunas horas cada día a la lectura de obras religiosas o rezos. Eran momentos de quietud solemne, adecuados para la meditación interior. Todos los novicios se sentaban en semicírculo, teniendo al frente a los mentores. Por turnos, los novicios recibían la encomienda de pasar al centro y leer en voz alta los pasajes de la Biblia o los libros religiosos, mientras el resto escuchaba con atención.

Ningún ruido se escuchaba fuera de la voz del novicio lector. Cuando tocó a Giuseppe, su fantasía y su agilidad mental lo condujeron a substituir los textos que debía pronunciar, por las más disparatadas o jocosas frases, dichas con toda la solemnidad y austeridad del caso, que naturalmente, provocaron la hilaridad en los que formaban aquel adusto y serio grupo de novicios y maestros.

Él mismo, confesó que cuando fue invitado a leer en voz alta un martirologio, sustituyó los nombres de las Santas, por los de las más afamadas y vulgares meretrices. En castigo estuvo recluido por quince días a pan y agua.

Otra de sus sonadas travesuras ocurrió un día que logró llegar sin ser visto a la cocina y vació el contenido de un sobre de polvos purgantes en uno de los guisos. El resultado fue desastroso, todos los que comieron de aquel platillo sufrieron los estragos de una tremenda diarrea. Aún los mendigos que acudían a pedir las sobras de la comida, fueron víctimas del purgante.

Era un cuadro dramático y cómico a la vez: desde el Prior hasta el último de los novicios y aprendices esperaban su turno en las largas filas que se habían formado para llegar a los retretes, que eran insuficientes para tal demanda. Unos caminaban inquietos de un lado a otro oprimiéndose el vientre. Otros se retorcían desesperadamente tratando de evitar que ya no pudieran contener sus deseos. Muchos de ellos sufrieron la descarga cuando todavía les faltaban varios usuarios antes de llegar.

Nadie se explicaba cómo había sido posible tal intoxicación general. Todo lo que se había utilizado para elaborar los alimentos estaba en perfectas condiciones. No encontraban la causa por ningún lado. Sólo quedaba la posibilidad de que alguien, voluntariamente o por descuido, hubiese colocado un enérgico purgante en una de las cazuelas. Por sus conocimientos, por su proclividad a las maldades y bromas, se sospechó del joven Giuseppe, pero éste negó su culpa cuantas veces fue cuestionado. Sin embargo, fue declarado culpable y castigado. De ninguna otra persona podían sospechar.

Poco tiempo después, el hermano Maffei, que ya tenía una avanzada edad, cayó enfermo y a los pocos días dejó de existir. Esto fue una desgracia para Giuseppe, ya que fue sacado por sus superiores de la botica y del laboratorio y tuvo que dedicarse por completo a las labores del noviciado, con toda la disciplina, que a él le era aplicada con mayor rigor. Sin embargo, los conocimientos que Giuseppe había recibido de su maestro y amigo le serían de mucha utilidad en su vida futura. De hecho, fue el único de sus maestros que se ganó su estimación y agradecimiento.

En la primera oportunidad que se le presentó, escapó y regresó a su ciudad natal. Falsificó la firma y el sello de un documento que lo autorizaba a salir del convento y solicitar a determinados ministros religiosos algunas sumas de dinero que recogió para su provecho personal.

Se dedicó a trabajar como dibujante, pero en sus ratos libres, se reunía con amigos de la peor ralea. Participaba activamente en pendencias y correrías. Burlaban a los guardias, robaban, vejaban y lanzaban denuestos a diestra y siniestra sin distinguir sexo, edad o categoría. Aprovechando sus cualidades de dibujante falsificaba toda clase de documentos, como las entradas al teatro y pagarés.

Hizo amistad con un hombre rico de edad avanzada, que pretendía a una hermosa jovencita, prima de Giuseppe. Como el enamorado no era bien visto en la familia de la doncella, Balsamo se ofreció para servir de intermediario y recadero, dada su facilidad para conversar con la joven. Pliegos y mensajes iban y venían. Pronto el anciano recibió solicitudes de su Dulcinea, de ciertas sumas de dinero, joyas y otras cosas, que él de inmediato entregaba y que eran realizados o gastados por el intermediario que era quien había urdido y planeado las peticiones que la casta y rozagante moza jamás había solicitado, ni pensado siquiera.

Este negocito duró cierto tiempo, pero, como era de suponerse, llegó el momento en que el ansioso conquistador sospechara por las muchas solicitudes y ofrecimientos y nada de hechos ni entrevistas amorosas.

Tras alguna mudanza en su actividad, buscando el sustento fácil y la vida regalada y abundante, fraguó Giuseppe la forma de acercarse a uno de sus parientes lejanos, que era escribano. Le ofreció un puesto como copista y se ganó la confianza de su familiar. En cuanto se presentó la oportunidad falsificó un testamento a favor del Marqués Mauricio, con el cual resultó beneficiado económicamente y abandonó a su protector, al contar con medios para subsistir algún tiempo.

Cometía toda clase de engaños y estafas con una habilidad asombrosa. Tenía una apariencia atractiva y convincente. Su aspecto y su forma de expresarse mostraban su gran inteligencia, y la seguridad y aplomo con que se conducía lo hacían parecer un joven recto y sumamente confiable.

En varias ocasiones fue detenido por las autoridades, incluso por haber asesinado, supuestamente, a un sacerdote, lo cual no fue posible corroborar. Pero corría con tan buena suerte, que siempre salía libre en muy corto tiempo con la ayuda de amigos o parientes, con su elocuencia convincente que demostraba su inocencia o por falta de pruebas, ya que su ingenio le hacía planear las fechorías con toda seguridad y meticulosidad. No fallaba ni en el menor detalle. Todo lo que los jueces pudieran argumentar, él ya lo tenía previsto y había preparado la forma de librarlo.

Entre sus amigos, relataba que durante su estancia en el Seminario de los Buenos Hermanos, había estado como discípulo especial del hermano Maffei, quien, aseguraba, poseía dotes de nigromante así como grandes conocimientos de la magia y el ocultismo; y que durante cinco años se dedicó Maffei a transmitirle todos sus valiosos e interesantes secretos. Explicaba que a la muerte de su maestro y protector, tuvo que huir del convento para salvar su vida.

Todos sus amigos había escuchado acerca de sus poderes sobrenaturales y extraordinarios en muchas ocasiones, pero algunos dudaban de la veracidad de tales facultades. Giuseppe siempre evadía hablar del tema, argumentando que se trataba de asuntos de mucha trascendencia y seriedad, y que no podían ser tratados en cualquier parte y sin la solemnidad y preparativos que el caso requería.

En una ocasión en que todos estaban reunidos con un grupo de damas de la vida galante, se notó la ausencia de una de ellas que siempre participaba en esos convivios. En alguno de los asistentes surgió la idea de que ese era el momento adecuado para que Giuseppe probara sus enigmáticos poderes y le invitaron insistentemente a que aprovechara esa oportunidad para demostrar cuanto de él se había dicho. Le pidieron que adivinara el paradero y la ocupación de la ausente.

Ante la insistencia de los contertulios Giuseppe accedió. Invitó a todos los presentes a conservar completo silencio y a tomar el acontecimiento con toda la seriedad necesaria. Se colocó al centro de la habitación, sentado frente a una mesa. Con un trozo de greda dibujó un cuadro sobre la superficie del mueble, luego colocó un espejo en el cuadro trazado. Ejecutó algunos pases con sus manos sobre la luna, mientras que su cabeza inclinada mostraba una gran austeridad y severidad. Estaba completamente concentrado en su trabajo. Todos los participantes estaban profundamente impresionados.

Cuando el mensaje fue captado, con palabra firmes y lentamente pronunciadas, con pausas después de cada frase, Giuseppe les indicó que la dama en cuestión estaba en su casa paterna, jugando a los tres sietes con otras tres personas. Uno de los jugadores era un hombre rico y prominente conocido por todo Palermo. Les dio el nombre del citado personaje y de los otros participantes en el entretenimiento.

Para corroborar lo dicho, una comisión recibió la encomienda de acudir, con cualquier pretexto, a conocer lo que en realidad estaba sucediendo en el domicilio de la amiga.

Con sorpresa se enteraron de que lo aseverado por Giuseppe era rigurosamente cierto. Encontraron a la dama jugando a los tres sietes con su protector y con dos personas más que eran las mismas que Giuseppe había mencionado.

Desde ese momento el prestigio y el respeto por Balsamo se incrementaron. Era buscado por todos y recibía constantes muestras de admiración y amistad. Era el líder y el jefe en toda aventura que iniciaban.

Sus portentosas dotes llegaron a los oídos de Marano, quien era un platero, lleno de ambiciones y deseo de riquezas. En cuanto fue posible se entrevistó con Giuseppe y le mostró interés en hacer amistad con él, para que, haciendo uso de sus facultades mentales y adivinatorias, se dedicaran en sociedad a descubrir tesoros escondidos y fortunas abandonadas.

Giuseppe mostraba poco interés en aquélla sociedad, y explicaba al platero que para ello se requerían determinadas circunstancias especiales, una serie de preparativos y una buena suma de dinero. Además, le hacía ver que los hechizos no siempre dan resultados, por lo que la tarea sería dura y difícil, y que habría que efectuar muchos intentos.

Marano, convencido de los poderes de su nuevo amigo, y ansioso por gozar de las riquezas que éste podría brindarle, insistía por todos los medios a su alcance, tratando de lograr su anhelado objetivo.

Giuseppe se hacía del rogar, hasta que al fin accedió. Hicieron un pacto. Marano entregaría a Giuseppe las cantidades de dinero que fuera necesitando y cuando lograran encontrar algún tesoro escondido, repartirían en dos los beneficios. El platero hizo la primera entrega de monedas de oro, para que Giuseppe dedicara todo su tiempo a la tarea.

A los pocos días de trabajar a solas, Giuseppe informó a su socio que ya había encontrado la ubicación de una cueva, en las afueras de la ciudad y que en ella había hermosos y valiosos tesoros que los harían inmensamente ricos a los dos.

Durante varios días, el diligente Giuseppe fue adquiriendo los implementos necesarios para la jornada. De todos sus pasos informaba oportunamente a su socio, quien ya sentía una gran amistad por el sorprendente joven. Llegó el momento de salir. Picos, palas, costales, lámparas de aceite y provisiones fueron aprestados y salieron a la venturosa expedición, cuando se escondían en el horizontes los rayos del astro rey.

Llegaron al sitio y de inmediato iniciaron la tarea. Montaron el improvisado campamento, recogieron leña seca, con la que hicieron una fogata. De repente apareció un grupo de diablos, con cuernos y cola, ataviados con brillosas vestimentas, quienes en danza macabra alrededor de los expedicionarios, fueron formando un círculo que se hacía cada vez más pequeño, hasta que se cerró por completo. Al llegar hasta ellos, apalearon al platero, al grado de dejarlo maltrecho e inconsciente.

Al despertar, se vio solo y muy herido, sin posibilidad de moverse por sí mismo. Tuvo que esperar a que alguien pasara por ahí para que lo auxiliara en su regreso a la población.

Al no encontrar por ningún lado a su socio, se dio cuenta del engaño y acudió a las autoridades a presentar una acusación y además divulgó la decisión que tomó de matarle en cuanto lo tuviera a su alcance. Balsamo, no queriendo proporcionarle ese gusto, abandonó la población.

Arribó a Messina. En ese lugar tuvo la oportunidad de conocer a un extranjero llamado Althotas; hombre de edad avanzada, con una larga barba blanca que le daba un venerable aspecto; de carácter enérgico; que hablaba varios idiomas y tenía grandes conocimientos de química, de metales, de piedras preciosas, poseedor de los secretos de fabricación de muchos productos artificiales. Guardaba una interesante colección de escritos arábigos, medallas, monedas y artículos de arte.

Se mostró interesado en la inteligencia y entusiasmo del joven Giuseppe y nació entre ellos una amistad que duraría hasta la muerte de Althotas.

El nuevo amigo de nuestro personaje tenía planeado un viaje de estudio y de trabajo en el Bósforo y el Índico. Propuso a Giuseppe que lo acompañara como su aprendiz y su socio, para tener la oportunidad de enseñarle todos los secretos de que era poseedor. Éste aceptó de inmediato ya que con ello cumplía uno de sus más caros anhelos, tanto visitar esos lugares, como obtener grandes y maravillosos conocimientos.

Llegaron a Alejandría, donde Althotas montó una fábrica de telas de lino y algodón, de tan buena calidad que imitaba a las más finas de Persia y China. El tejido era tan suave y los colores y dibujos tan perfectos, que parecían sedas. Las ventas eran importantes y aún la planta fue vendida convenientemente a un rico comerciante.

En Rodas, instaló una fábrica de mantelería, con resultados semejantes. Entró en contacto con los pudientes y les vendió secretos para recubrir con oro objetos de diversos metales, así como el tratamiento del vidrio para la piedrería falsa, como se practicaba en Bassora y Bagdad, donde él lo había aprendido.

Llegaron a El Cairo y luego a Malta. En esta última isla, se colocaron como químicos en el Laboratorio del Gran Maestre Pinto, quien se dedicaba a la fabricación de lunas y espejos de mucho mayor calidad que los venecianos y que resultaban a un costo muy bajo debido a un secreto procedimiento para tratar el azogue.

Bajo la tutela del Gran Maestre Pinto, realizaron profundos estudios de alquimia, con las finalidades de encontrar la *Piedra filosofal* y el *Elixir de la vida,* que mantendría a las personas que tuvieran acceso a él en una eterna y lozana juventud. El Maestre era un fanático de estos asuntos y poseía grandes conocimientos en la materia.

Althotas, debido al intenso trabajo que realizaba casi sin descanso, al poco interés que mostraba en su cuidado y alimentación, fue perdiendo salud y consumiéndose.

Poco después, Althotas falleció, y Balsamo decidió salir con rumbo a Nápoles. Allí se encontró con un príncipe muy aficionado a la química. Vio una buena oportunidad y logró rápidamente su admiración y confianza. Viajó con el príncipe a Palermo y posteriormente a Messina.

Se dio el encuentro con uno de los cómplices que vestidos de diablos apalearon a Marano. Se despidió del príncipe y se unió a su antiguo amigo con quien regresó a Nápoles.

En El Pirro fueron arrestados bajo la sospecha de haber secuestrado a una mujer. Al no encontrarla con ellos, tuvieron que dejarlos libres.

Después de breves estancias en diversas poblaciones llegó a Roma. Llevaba una buena dosis de cartas de recomendación e identificaciones falsas, con las que fácilmente lograba colocaciones como dibujante, como copista o como lo que fuera: ninguna puerta se le cerraba, ningún oficio le parecía difícil. Su poder de convencimiento le abría todas las puertas y sin la menor dificultad era aceptado.

Conoció al Barón de Breitevil, de quien recibió ayuda y nuevas e importantes relaciones. En este tiempo se dedicó a la falsificación de obras de arte de los más famosos pintores de la época, mismas que colocaba fácilmente a buen precio, ya que su trabajo en este aspecto era de gran calidad. Se hospedaba en la Fonda del Sol de la Rotunda. En ese lugar se lió a golpes con un mancebo, por lo que estuvo tres días en prisión.

Con sus amplios conocimientos de química y de medicina, se dedicó a preparar algunos productos que vendía secretamente y sólo a personalidades especiales y a muy buenos precios, ya que se trataba de recetas mágicas que no deberían divulgarse a cualquiera que lo solicitase.

El "Vino Egipcio", tenía la virtud de excitar y reanimar a los débiles y agotados sexualmente por excesos o por otras causas.

El "Agua de Serrallo" especial para las damas, daba al cutis brillante tersura y suavidad, que las mantenía lozanas y hermosas por muchos años.

El "Óleo Prodigioso" tenía una gran aceptación entre los caballeros que habían perdido la cabellera. Fortificaba el cuero cabelludo, sostenía firmes las raíces del cabello debilitado y hacía que nuevos brotes surgieran aún en los más lisos y brillantes casquetes. Además, el cabello adquiría una hermosa ondulación suave y delicada y un soberbio color de oro puro.

El "Elíxir de Memphys" era admirable para la impotencia sexual masculina y para combatir la esterilidad.

La "Pasta de Siria", cuyo delicioso y cautivante aroma, al ser aspirado, convertía a la persona indicada en un fiel siervo que gustoso aceptaba cuanto se le indicase.

Conoció a una moza de buen ver, de quince años de edad, llamada Lorenza Feliciani, a la que abordó y logró su amistad. La visitaba con frecuencia en su casa, cerca de la Trinidad de Los Peregrinos, localizada en los barrios bajos. La amistad pronto se convirtió en noviazgo. La familia de la joven dama lo aceptaba, ya que su gran elocuencia, su habilidad para convencer y las recomendaciones que llevaba, lo hacían un partido envidiable.

Era Lorenza una hermosa y dulce doncella, de belleza tranquila y natural, sencilla en sus modales, graciosa, de poca cultura pero con una deliciosa sonrisa y una expresión jovial que la hacían atractiva a todos.

Los enamorados planearon la boda, y el joven Balsamo pidió la mano de Lorenza, la cual fue concedida, acompañada de una dote y se casaron en la Parroquia de San Salvador en el Campo, y se instalaron en la casa de los padres de ella.

El matrimonio

La situación económica era aceptable. La Feliciani, además de la dote, contaba con una herencia que le dejara un tío sacerdote, quien fue Capellán de Santa María della Scala. La suma de todo no era nada despreciable. Por otro lado, como vivirían en la casa de los padres de ella, el gasto que Balsamo tendría que hacer, sería casi nulo. La idea de que permanecieran en el hogar fue de la propia madre, Magdalena Fierri, quien para tener mayor seguridad puso como condición para autorizar la boda, que los tórtolos convivieran con ellos por lo menos un año.

Por un lado, la suegra quería gozar más tiempo de la compañía de su hija, por lo que retrasaba la separación, y por el otro, muy dentro de su alma, sin saber por qué, había un ligero esbozo de desconfianza, porque aún a pesar de las enormes cualidades del joven Giuseppe, con todo y sus documentos de presentación, algo presentía ella respecto al virtuosismo de su yerno.

Lorenza contaba con un hermano, a quien se ganó Balsamo de inmediato, hablándole de grandes proyectos que realizaría y en los que sería invitado como socio con lo que le esperaba una enorme fortuna y posición.

Con regalos y halagos a sus suegros, con un impecable comportamiento de amoroso y delicado esposo, y con la cortesía y amabilidad con que trataba a todos, daba la apariencia de un matrimonio que duraría eternamente en aquella paz, sin que se pensara que la vida pudiera hacer cambiar la dulce tranquilidad hogareña.

Poco a poco, como sin sentirlo, Lorenza fue cambiando los hábitos en el vestir y en acicalarse. A su joven esposo le gustaba que se presentara en una forma menos formal, menos recatada; un poco de coquetería, una ampliación al escote, un aliño aquí y otro allá, cierto refinamiento y dulzura en los modales, fueron haciendo de ella una mujer totalmente distinta.

El recato y la mojigatería tan usual en su clase, fue dando lugar a una coquetería graciosa. Como premio recibía la galante admiración de su esposo, que la mimaba y la hacía sentirse amada, por lo que ella gustosa accedía a sus peticiones con toda la inocencia de su blanca juventud.

La madre, en cambio, no veía con buenos ojos aquellas muestras de liviandad y a solas se lo reprochaba; pero ella, con todo candor argumentaba que era para darle gusto a su amado esposo.

En cierta ocasión, Giuseppe invitó a Lorenza a una cena que tendrían con un viejo amigo, el Marqués de Agliata. Ella gustosa se vistió en la forma que más agradaba a su cónyuge y salieron rumbo a la hostería.

Un apuesto siciliano los esperaba, se hicieron las presentaciones y mientras Giuseppe se ocupaba en preparar los bocadillos y las bebidas que luego consumirían, Agliata se dedicaba a galantear y acosar a la tímida cervatilla, que se sentía sorprendida de ver el desenfado y descuido de su esposo quien hablando y cantando trabajaba en la comida sin dar atención a lo que a ella le sucedía.

El siciliano seguía firme en su propósito haciendo saber a la Feliciani todo lo hermoso que le parecían su cabello, sus ojos, su nariz, su rostro, su color, su pecho, su cintura, su cuerpo. Cada vez con más agresividad el fogoso galán se acercaba a Lorenza, quien trataba de evadir las caricias y reprochaba a su recientemente presentado caballero por su proceder. Sus voces y quejas parecían no ser escuchadas por su marido quien probaba sus guisos y bebía los vinos.

Durante la cena, los galanteos de Agliata proseguían a plena vista de Giuseppe, quien no se daba por enterado. A la hora de los postres, éste salió a buscar una sorpresa que a su esposa le agradaría sobremanera, lo que aprovechó el siciliano para poner más énfasis en su proyecto de conquista.

Ella, al verse sola con el desconocido, se armó de valor, se puso de pié y con voz enérgica aplacó los instintos del agresor. Él, viendo que realmente estaba disgustada, trató de cambiar su actitud y ofreció sus disculpas por el atrevimiento cometido, que sin duda se debía a los deliciosos vinos que había gustado antes de su llegada, y a la gran hermosura de ella.

Cuando el marido regresó con unos melocotones, encontró a la pareja en actitud totalmente diferente a la que mostraban cuando él salió.

Agliata, hablando en un dialecto siciliano, sostuvo una conversación con Giuseppe. Ella no entendía lo que decían, pero sí comprendía las intenciones y actitudes de ambos. El siciliano se quejaba, reclamaba; su tono era de reproche. Su marido, en cambio, hablaba en tono de complacencia, de sumisión, de disculpa.

A la hora de despedirse, Balsamo obligó a su mujer a disculparse ante Agliata, por haberse comportado en forma tan simple y mojigata.

Cuando estuvieron a solas, ella explicó a su esposo que aquello que había sucedido no era lo que ella había aprendido como moral y recto. Prefería el divorcio a acceder a nuevas situaciones como aquella. Mejor era la vida sencilla y rústica que hasta entonces había vivido en el seno familiar, con una moral cristiana, virtuosa. Ella no era para una vida de galanteos y frivolidades. Él trató de suavizar las cosas, diciéndole que las costumbres de las personas de gran alcurnia y nobleza eran un poco distintas y que las normas morales eran algo diferente sin que fueran necesariamente muy malas.

Discutieron, y una vez calmados los temperamentos hicieron las paces, pero en la mente de Giuseppe nació la idea de salir lo más pronto posible de esa casa, en donde le sería difícil lograr su propósito de transformar el criterio de su esposa.

Buscó la oportunidad de provocar una discusión con sus suegros, que culminó con que Magdalena Fierri lo insultara violentamente y le pidiera que abandonara su casa de una vez por todas. Siendo lo que él buscaba, de inmediato les tomó la palabra y pidió a su esposa que recogiera sus pertenencias porque en ese preciso momento se mudarían.

No habiendo más remedio, y derramando lágrimas de profunda tristeza, ella obedeció y ambos partieron. Tomaron un piso en la Plaza de España y se instalaron en lo que sería por primera vez su nidito de amor.

En ese mismo edificio vivía quien se hacía llamar Marqués de Agliata. Al conocer la situación de Balsamo y su esposa, les ofreció gentilmente un piso en el mismo edificio, ya que la amistad tan profunda que se tenían ambos, lo obligaba a proceder en esa forma.

Lorenza, al principio, trató de convencer a Giuseppe de que no aceptara nada que proviniera de Agliata, pero se calmó en cuanto notó un comportamiento cortés y amable a la vez que respetuoso por parte de quien en la ocasión anterior se había comportado en forma tan agresiva.

A los pocos días de estancia en su nuevo hogar, Agliata mandó llamar al joven matrimonio a su departamento, donde les ofreció una deliciosa cena, salpicada de los mejores vinos. El motivo era invitar a Balsamo a que ocupara el puesto de su secretario particular, ya que el anterior debía salir a un viaje a resolver algunos trámites del mismo Agliata. La paga sería importante y al ambiente de trabajo sumamente agradable, por lo que Giuseppe aceptó de inmediato.

Desde ese día, con cierta frecuencia, Lorenza, acompañada de su esposo, visitó el piso de Agliata, quien seguía comportándose como un verdadero caballero.

Después de varias semanas, el Secretario de Agliata regresó y tocó hacer el viaje siguiente a Balsamo para resolver asuntos de su amo. Luego los viajes siguieron, mientras los cuales Lorenza se quedaba sola. Con más sigilo, con más recato, y con la ayuda de las pláticas que en toda ocasión Giuseppe sostenía con su bella esposa, Agliata fue logrando la confianza de ella y terminó por poseerla.

Al mismo tiempo, la situación económica del matrimonio era cada vez más bonancible, ya que los negocios a que se dedicaban Agliata y sus dos secretarios, marchaban a pedir de boca.

La actividad que desarrollaban era la de la falsificación de pagarés, cartas de crédito bancarias, órdenes de pago y toda clase de documentos mercantiles. Los dos secretarios, en sus viajes, hacían efectivos aquellos bien falsificados papeles.

Se trataba de un trabajo de alta calidad, tanto en la elaboración de los documentos y las firmas, como en las actuaciones de los portadores, que no despertaban nunca ni la menor sospecha de que se pudiera tratar de algo turbio o ilegal. Sin embargo, después de algunos meses de trabajar sin contratiempo, debido a que empezaban a descubrirse las falsificaciones, empezó a cundir cierta alarma entre banqueros, comerciantes, clérigos y sociedad en general.

Magdalena Fierri, la madre de Lorenza, algunas veces visitaba a su hija, aconsejándole que se divorciara, ya que no era conveniente el tipo de vida que llevaba al lado de su marido. Incluso, en cierta ocasión, se enteró de las actividades que Balsamo y Agliata desarrollaban y valiéndose de ese conocimiento, presionó a su hija para que se divorciara.

Lorenza comunicó la noticia a Giuseppe, pero éste no dio gran importancia al hecho, ya que la partida de ese sitio tendría lugar en menos de dos días.

Todo lo habían planeado cuidadosamente. A los criados y sirvientes los enviaron a diversas poblaciones a esperar su arribo, encomendándoles llevar algunas cartas o documentos. Los destinaron a lugares a donde, por supuesto, no pensaban ir en mucho tiempo. No querían dejar testigos que pudieran declarar en su contra cuando se descubriera el engaño.

Dos carrozas, llevando las más importantes pertenencias de nuestros personajes salieron en la madrugada, sin que nadie se enterara de la mudanza. En la primer carroza viajaban Agliata y la Marquesa de Feliciani, estrenando el título de nobleza que le habían fabricado, y en la otra Giuseppe y Nicastro, el secretario particular y socio de Agliata. Salieron con rumbo a Loreto y a Venecia.

Hicieron una parada en Bérgamo, en donde pasarían la noche, y aprovecharían para hacer efectivos ciertos documentos. Se hospedaron en una fonda. Nicastro y Agliata salieron a efectuar sus trámites, mientras Balsamo y su esposa se quedaron en la habitación.

Repentinamente las autoridades penetraron sorprendiendo al matrimonio, y sin darles tiempo de nada, registraron baúles y maletas. Tenían órdenes de detener a Nicastro, a quien habían identificado como el que hacía efectivos los documentos falsos. Recogieron carteras, alhajas y cuanto encontraron de valor y detuvieron a Giuseppe y a Lorenza y los condujeron a la prisión.

Por fortuna, ningún documento encontraron que perteneciera o mencionara a Nicastro, por lo que a Giuseppe le fue fácil manejar su defensa diciendo que ambos habían sido contratados unos días antes por el Marqués de Agliata, él como mayordomo, y ella como ama de llaves, y que desconocían sus actividades y su destino. Como la paga que les había ofrecido era atractiva habían aceptado.

Al no encontrar pruebas contra ellos, los dejaron en libertad con la orden de dejar de inmediato la ciudad. Salieron a la calle, con una muy reducida cantidad de dinero que llevaban consigo y con un billete falso de veinticinco escudos del Banco Genovés. Con esta cantidad poco lograrían. El billete fue pagado por un cambista y se dirigieron a Génova caminando.

Mientras tanto Agliata y Nicastro, que se enteraron de lo ocurrido, escaparon y jamás volvieron a presentarse a la fonda. No tuvieron que pasar las privaciones del matrimonio Balsamo, ya que ellos llevaban en sus cinturas todo el efectivo que constituía su capital.

El Conde y la Condesa de Cagliostro

Para poder seguir adelante, viendo que lo que tenían para nada les alcanzaba, urdió Giuseppe una estratagema que les permitiría viajar sin despertar sospechas y consiguiendo algo de dinero. Se disfrazaron ambos de peregrinos vestidos en un sayal de franciscano. Era frecuente encontrar en los caminos a este tipo de fieles que pagando alguna manda o en solicitud de algún favor especial se dirigían a donde estaba el santo de su devoción.

A quienes les preguntaban el porqué de su peregrinaje, ellos contestaban que todo se debía a que habían celebrado un matrimonio sin el consentimiento de sus padres, y como arrepentimiento hacían aquel viaje. Agregaban que eran de familias nobles, y que el Papa les había impuesto como penitencia hacer el viaje en calidad de peregrinos a Santiago de Galicia, sin poder disponer de sus bienes ni riquezas, sino que tenían que hacerlo pidiendo limosna.

El Conde de Cagliostro

Con tan buenos argumentos, y las convincentes palabras de Balsamo, eran recibidos en posadas y castillos, donde los hospedaban, alimentaban y les hacían valiosos regalos.

Ya tenían una buena cantidad ahorrada, cuando la desgracia se presentó nuevamente: estaban alojados en una posada en Antivo, que fue invadida por militares que la tomaron por salto. Confiscaron las pertenencias de todos los huéspedes, incluyendo al matrimonio Balsamo. Esto los dejó nuevamente en la ruina. Aparte del dinero, les habían sustraído las boletas falsas en las que el Papa les imponía la penitencia.

Balsamo acudió al militar de mayor rango y le relató lo sucedido y la consabida historia del matrimonio clandestino y de la pena que debían cumplir para conseguir el perdón. Este lo escuchó con atención y ofreció hacer algo por ellos. Los citó a los dos días.

Mediante una colecta entre los soldados, obtuvieron cierta suma de dinero y además les otorgaron un pasaporte para que pudieran continuar su viaje.

Se dirigieron a Barcelona en un buque llamado Leggiadro, de bandera genovesa, en donde consiguieron un descuento del cincuenta por ciento en el pasaje. Se alojaron en un cuarto de la calle Escudillers y planearon seguir viviendo a costillas de las personas de buena voluntad, con la historia que tan bien les había funcionado.

Lorenza salía por las mañanas, vestida en forma recatada y seria, y cubierta con un manto negro. Llevaba rosarios y medallas religiosas en la mano. Hábilmente se acercaba a quienes consideraba por sus ropas y alhajas que pertenecían a las clases acomodadas. Se ganaba su simpatía y compasión y les relataba las desventuras que ella y su esposo *el Conde*, habían sufrido, y les informaba de su domicilio.

Fue despertando la buena voluntad y la simpatía de personas de buena fe que se ofrecían a auxiliar a tan nobles personajes que como muestra de arrepentimiento se exponían a viajar en esa miserable condición tan alejada de su alto rango.

Una mañana un clérigo llamó a la puerta de su habitación. Tocó abrir a Giuseppe. Al ver al clérigo, a quien nunca había visto, le preguntó:

—¿Qué se le ofrece?

—¡Excelencia! Vos debéis ser sin duda el Conde de Cagliostro. Por vuestra digna esposa la Condesa, he conocido la situación por la que pasáis y tengo la voluntad de auxiliaros para que consigáis el perdón tan ansiado del Santo Papa.

De inmediato el clérigo fue invitado a pasar y sostuvieron los tres una interesante conversación que culminó con el ofrecimiento de entregarles en calidad de préstamo una cantidad mensual, suficiente para que sufragaran sus gastos sin necesidad de recurrir a la ayuda de otros benefactores.

Antes de despedirse, entregó a la Condesa Lorenza Feliciani la primera mensualidad, y ofreció acudir puntualmente a depositar las siguientes entregas. La Feliciani, respetuosamente agradeció la bondad y comprensión besando sumisa y respetuosamente la mano del bondadoso hombre que tanto bien les hacía.

Cada quince días, sin falta, el benefactor o algún mensajero de la comunidad a la que pertenecía, llegaba a hacer la entrega correspondiente, a nombre del Santo Oficio de Zaragoza. Sin embargo, el Rector de la institución consideró extraño que a pesar del beneficio tan grande que se les hacía a los nobles peregrinos, éstos no acudieron nunca a presentarse a sus benefactores. Lo lógico hubiera sido que de inmediato llegaran a mostrar su agradecimiento y a ofrecer en reciprocidad alguna participación o trabajo. Nació en él la sospecha de que pudiera haber algo turbio en la historia de su matrimonio y de la penitencia impuesta por el Santo Padre.

Envió a un mensajero que solicitara al Conde y a la Condesa de Cagliostro le facilitaran la boleta de matrimonio, y en caso de no tenerla consigo, le informaran de la fecha exacta y el lugar de la boda, para que él enviara una carta pidiendo el documento.

Giuseppe, con toda serenidad y cortesía, expresó al enviado que al día siguiente se presentaría al Ilustre Rector, para satisfacer plenamente lo que le había solicitado.

Durante las horas que le quedaban a ese día, Balsamo se dedicó a elaborar un documento supuestamente firmado por el Conde Grotta, Ministro de Nápoles en la Corte de España, en el que suplicaba a la Señora Condesa de Fénix, que se presentara en Madrid, acompañada de su esposo el capitán Thiscio Napolitano, pues habían sucedido eventos importantes y graves en su familia y se hacía imperiosa su participación. El documento quedó firmado, sellado y lacrado, incluyendo la marca postal de Madrid. Con ese documento se presentó al Rector del Santo Oficio, quien no lo conocía ni de vista, y se presentó como el Capitán Thiscio; le mostró el documento y le solicitó su ayuda para poder cumplir con las indicaciones recibidas. El Rector, ante la gravedad e importancia del suceso, ordenó se le entregaran cien pesos a Thiscio y se le dieran todas las facilidades para que emprendiera el viaje junto con su esposa la Condesa de Fénix.

El matrimonio Balsamo, convertido ahora en el Capitán Thiscio y la Condesa de Fénix, abandonaron Barcelona y se dirigieron a Madrid. El Rector, al no haberse presentado el Conde de Cagliostro, envió a su mensajero a preguntar la razón. Recibió como respuesta, que los Condes ya habían abandonado el lugar en donde vivían. Qué lejos estaban ambos de saber que el Capitán Thiscio a quien habían ayudado, era el mismísimo Conde de Cagliostro que los había burlado doblemente.

En el camino encontraron a un noble viajero que habían conocido en Barcelona y que tenía el mismo destino que ellos. Esto les dio oportunidad de entablar amistad. El viajero se sintió fuertemente atraído por la sencilla y clara belleza de la Condesa, al grado que se enamoró y decidió declararle sus sentimientos.

Cuando ella lo comentó a su esposo, éste le dio a entender que debería acceder a sus ruegos, ya que eso sería conveniente para su situación económica. Ella trataba de resistirse, pero el poder de convencimiento de Giuseppe acabó por dominarla. Él argumentaba:

—¿De qué te sirve tu virtud? ¿Así te asiste tu Dios? ¿No ves la miseria con que te oprime? Cuando tú haces estos actos por pasión o por infidelidad a tu marido, estás obrando mal. Pero si lo haces por salir de problemas y lograr una vida mejor para ti y para los tuyos, tu conducta es virtuosa.

Se hospedaron los tres en una casa, y todas las mañanas, Giuseppe despertaba dulcemente a su esposa con un beso y le indicaba que era la hora de acudir a la habitación de su amigo a complacerlo.

A cambio de estos servicios, la Condesa y el Conde de Cagliostro recibían toda clase de regalos: ropas, alhajas, manjares, paseos, dinero en efectivo. Sin embargo, cuando las peticiones se fueron haciendo más frecuentes y por mayores cantidades, el viajero se enfadó y abandonó a su suerte a sus protegidos.

En Madrid estuvieron poco tiempo, ya que consideraron que el ambiente no era propicio para sus actividades, ya que la Santa Inquisición juzgaba y trataba duramente a los practicantes de las ciencias ocultas, a los sospechosos de carecer de fe o de llevar una vida licenciosa. Prosiguieron en dirección a Lisboa, capital de Portugal.

En cuanto se instalaron, Giuseppe se dio a la tarea de investigar a los más pudientes del lugar, para entablar amistad con los que por su género de vida resultaran más adecuados para conseguir sus fines.

Le tocó conocer a un mercader, poderoso económicamente, y cuya moral no era muy profunda. Reunía los requisitos y era el candidato ideal para iniciar sus relaciones. Después de varias entrevistas e invitaciones mutuas, el Conde de Cagliostro pidió a su esposa que lo visitara y le pidiera cierta suma de dinero, para un apuro en el que se encontraba. Ella hizo lo que su esposo le pedía y se presentó ante el mercader, quien ya se había fijado en la atractiva belleza de la Condesa. Al oír su petición, se mostró dispuesto a entregar la suma solicitada, pero insinuó que ella debería visitarlo, a solas en su casa de campo.

Cagliostro recibió la suma y aprobó que con la frecuencia que el mercader lo solicitara, ella acudiera a complacerlo y las visitas se hicieron casi cotidianas, siendo en todas ellas retribuida generosamente por el Mercader.

Mientras tanto Giuseppe no perdía el tiempo y trabó amistad con el joyero de Su Majestad, Don Vasco de Pereira. Muy frecuentemente se hacían visitas recíprocas, durante las cuales la Condesa de Cagliostro, sin ninguna dificultad hizo que Don Vasco que sintiera enamorado de ella. Desde entonces, muy valiosos regalos le fueron entregados como muestra de afecto y admiración

En casa de Pereira, Cagliostro fue presentado con muchos joyeros y ricos comerciantes, a quienes cautivó con sus grandes conocimientos, su gran inteligencia y nobles maneras. Muy pronto su amistad con todos ellos era muy grande. A uno de ellos de nombre Suárez de Coutiño, lo interesó en asociarse con él para montar una gran empresa de telares de lana y seda, que a muy bajo costo produciría telas de gran precio. Para ello le había relatado sus conocimientos en la materia, adquiridos al lado de su Maestro Althotas. Suárez de Coutiño se interesó y de inmediato hizo las primeras entregas del capital para que el Conde de Cagliostro encargara los materiales necesarios.

Al Marqués de Vivona, quien había hecho su fortuna haciendo la América, y quien se dedicaba al comercio de piedras preciosas y joyas de muy alto valor, lo interesó tanto en su persona que acabó por pedirle a Cagliostro que se asociara con él para que hiciera las ventas de su mercancía y lo asesorara en las compras. El Conde se negó a aceptar tal confianza, pero después de varios intentos del Marqués, aceptó y de inmediato se dio a su tarea como corredor de joyas y pedrería fina.

La Condesa de Cagliostro, dada su posición y rango, requería los servicios de una doncella que la sirviera y contrató a una hermosa joven de nombre Lucy. Como eran muy frecuentes sus salidas, Lucy permanecía muchas horas en su casa con la compañía del Conde, quien ante la coquetería de la empleada de su esposa y sus atractivos personales, se involucró con ella. Era la primera vez que le era infiel a su amada.

La esposa del joyero Pereira, habiendo descubierto la frecuencia con que éste entregaba costosísimos regalos a la Condesa, indignada se presentó ante Cagliostro y le amenazó con utilizar sus influencias y hacerlo desterrar si no ponía remedio a la vergonzosa situación en que se encontraban ambas familias.

Cagliostro, que tenía un agudo olfato, viendo que ya no tardarían mucho en brotar los problemas, decidió abandonar la ciudad y el país. Por un lado estaba la amenaza de la indignada esposa de Pereira; por otro, la insistencia de su socio en los telares, que ya le exigía iniciar la construcción de la fábrica. No había más remedio que partir.

Con todo el sigilo que el caso requería, empacaron sus bienes y se embarcaron en un buque inglés con rumbo a Londres. Con ellos iban la doncella Lucy y el Marqués de Vivona, a quien Cagliostro había confiado su situación y lo había convencido de que se trasladaran a la capital inglesa donde harían mejores negocios de joyería.

El médico

En Londres se instalaron en un hotel y durante la hora de la comida coincidieron con un grupo de Cuáqueros, uno de los cuales, en cuanto vio a Lorenza Feliciani, mostró un gran interés por ella. En todo momento la veía; cuando la vista de la Condesa se cruzaba con la suya, sonreía. Era tal su inasistencia que lo notaron tanto los Cuáqueros que lo acompañaban, como Cagliostro, Vivona y Lucy.

Durante la cena, cuando los cuatro comensales tomaron su mesa, notaron que los Cuáqueros ya estaban en el lugar y se repitió con la misma insistencia la búsqueda de la mirada de la hermosa italiana por parte de uno de ellos. Lo mismo ocurrió al siguiente día. Valiéndose de una de las camareras, el Cuáquero se atrevió a enviar a la bella Duquesa, un pliego en el que le solicitaba una entrevista a solas.

Ella, en cuanto recibió el mensaje se lo mostró a su esposo. Este lo leyó y de inmediato llamó a Vivona a quien le comentó el caso. Según las leyes de Inglaterra, siempre que un marido encontraba a su esposa en flagrante infidelidad, el ofendido estaba en su derecho de consignarlo a las autoridades, quienes castigaban con cárcel al ofensor. Había también la posibilidad de que el ofendido fijara una suma de dinero que el ofensor debía entregar para librarse de la prisión. El Cuáquero parecía ser rico y por lo tanto podrían fijar una suma interesante.

Planearon que ella aceptara la invitación para el día siguiente a la hora del medio día. Vivona y Cagliostro, comentarían durante el desayuno que harían los dos un viaje a los alrededores de la ciudad, pero en lugar de hacerlo, estarían escondidos en donde se daría la cita, para aparecer en el momento oportuno.

Y, en efecto. Mientras consumían el desayuno, en voz alta comentaron su viaje, haciendo entender al interesado Cuáquero que la Condesa se quedaría sola. Llegó el momento de la entrevista y sin mucho preámbulo, el Cuáquero mostró su efusiva pasión por la dama. Sin darle tiempo, aparecieron ante sí, el marido de la mujer que pretendía conquistar y su acompañante. Los ímpetus y bríos del frustrado amante se tornaron en una cara de sorpresa, miedo, vergüenza y desengaño. No podía dar crédito a lo que estaba sucediendo.

El Conde, mostrando su gran indignación reclamó al Cuáquero por su proceder, pero Vivona, intervino tratando de calmar los ímpetus y se ofreció a servir de mediador entre ambos. Cagliostro salió de la habitación llevando a su mujer, mientras Vivona hacía saber al sorprendido y frustrado amante sobre las leyes a las que debería someterse.

Ante la vergüenza que sería acudir a prisión y tener que suspender su viaje, el Cuáquero aceptó mejor llegar a un arreglo económico, y tuvo que entregar cien libras y firmar un escrito en el que se confesaba culpable, con lo que lo dejaron irse en paz.

Como el negocio había sido fructífero, se mudaron a una lujosa casa, que decoraron y amueblaron de acuerdo a su alto linaje y se dedicaron a vivir cómodamente.

Vivona salía cotidianamente. Frecuentaba lugares de juego, en los que las más de las veces perdía. Poco a poco fue disminuyendo su caudal, que ya estaba en peligro de agotarse. Lucy, por otra parte, se mostraba taciturna, pensativa, de mal genio. Giuseppe y Lorenza pensaron en la conveniencia de deshacerse de ambos, y planearon la forma de hacerlo. Sin embargo, Vivona y Lucy, que ya se entendían, les ganaron la partida y llevándose todo lo que pudieron, escaparon del lugar, dejando a los Cagliostro casi sin dinero y con la carga del pago de la renta de la casona.

Cagliostro acudió a las autoridades a denunciar el robo de que había sido objeto, pero nada pudieron hacer para encontrar a los fugitivos. El casero se presentó a cobrar la renta y sin dar oídos a las explicaciones que se le dieron sobre el robo, mandó encarcelar al Conde.

La Condesa de inmediato se dio a la tarea de conseguir el dinero necesario para sacar a su esposo de la prisión. Se vistió en la forma más recatada y acudió a la capilla de Baviera. Buscó el lugar en que pudieran verla más personas y con toda devoción se dedicó a orar por un buen rato. Se levantó y acudió a tomar el agua bendita. Cuando iba a tomarla se topó con un elegante y distinguido caballero que le sonrió discretamente. Ella le dirigió una mirada, agachó su cabeza con timidez y dulzura y salió caminando lentamente.

El caballero la seguía a unos metros de distancia, ella disminuyó el paso lo más posible para darle oportunidad a que se acercara, pero el varón no lo hizo. Llegó ella al cuartucho que había tomado, todavía se estuvo unos momentos en la puerta antes de entrar, pero no se dio el encuentro.

Al día siguiente, a la misma hora, regresó a orar a la misma capilla. Vio que el caballero estaba allí, una vez que rezó por algunos minutos salió y el caballero la abordó, expresándole que notaba en ella una profunda preocupación y que le gustaría ayudarle. La invitó a un café y entre ambos se entabló una conversación en la que se relataron las historias de cada uno.

La Condesa, entre sollozos y muestras de tristeza refirió que su esposo era un renombrado pintor, que decoraba palacios de nobles; que había sido víctima del robo de todas sus pertenencias por un tal Vivona, en quien confiaron y que había sido encarcelado por no poder cubrir las rentas de la casa en que vivían.

El caballero, de origen irlandés, de nombre John O'Dailly, era poseedor de una gran riqueza que había logrado en sus actividades comerciales; había enviudado unos años atrás quedando con dos hijos, uno de los cuales murió y la otra estaba un poco enferma. Por prescripción médica, su hija debía vivir en el campo, por lo que él compró una finca a unas cuantas leguas de la capital. Precisamente andaba en Londres tratando de encontrar un matrimonio honorable que aceptara vivir en su casa, dedicándose la mujer a atender a su hija y el esposo a cualquier otra actividad.

Para ambos resultaba conveniente la relación. Lorenza le parecía todo lo respetable que él deseaba para la persona que se hiciera cargo de su hija, y su esposo el pintor, podría decorar las habitaciones de la finca. De inmediato acudieron a pagar la renta que se adeudaba y la multa correspondiente y Giuseppe quedó libre. Recogieron lo que les quedaba de pertenencias y se mudaron a la casa de campo de O'Dailly.

Ella de inmediato se dedicó a tratar de ganarse la confianza de Mary, la hija del buen hombre que les dio acogida. Giuseppe, por el contrario, trataba de alargar el plazo en que debería iniciar la decoración de techos y muros, ya que aunque era un hábil dibujante, no tenía ni la menor experiencia en murales. Tuvo que llegar el plazo y se decidió a empezar, notando de inmediato O'Dailly que nada de pintor tenía su huésped. Se dio cuenta del engaño y despidió a los dos.

Se embarcaron a Francia. En Douvres conocieron a Monsieur Duplaisir, poseedor de una gran riqueza y de magníficas relaciones. Hicieron amistad con él y en poco tiempo mostró afición por la Condesa y se ofreció a llevarlos con él a París. Se hicieron los preparativos para el viaje y se dirigieron a la Ciudad Luz: En una lujosa calesa viajaban Duplaisir y la Feliciani, mientras que Giuseppe montaba un hermoso caballo y siempre se colocaba delante de la comitiva.

En París se alojaron en una amplia casa en la que vivían cómodamente. Ante la gente ella se hacía llamar Madame Duplaisir. Ambos eran objeto de atenciones y regalos.

Mientras tanto él trabó amistad con una rica dama soltera a la que fácilmente conquistó con la promesa de rejuvenecerla en pocos meses con sus milagrosos preparados medicinales. La enamoró y fue aceptado como amante.

La dama, que gozaba de interesantes amistades, con frecuencia organizaba reuniones en su casa. Las dotes y sabiduría de Giuseppe, lo convertían en el centro de atracción. Él hablaba de sus conocimientos para la producción de oro. Varios de los contertulios mostraban interés en asociarse con él, pero como era su costumbre, se resistía y se negaba.

En cierta ocasión, ante la insistencia aceptó hacer un experimento a la vista de todos. Anunció que haría crecer el oro. Solicitó algunas monedas españolas del preciado metal, que depositó en una gruesa vasija de hierro; la puso al fuego hasta que las piezas se derritieron; la dejó enfriar y mostró el producto a todos, haciéndoles notar que vieran que la cantidad de metal contenida en las monedas era mucho menor que la que ahora ocupaba el crisol. En realidad era la misma cantidad, pero su seguridad y dones de convencimiento hacían creer a todos que el milagro se había efectuado.

También les anunció que conocía el secreto de rejuvenecer a las personas y que podría hacerlo con cualquiera. Él mismo se sometía a los tratamientos secretos y por eso se conservaba tan joven a pesar de haber vivido ya más de ochenta años. La realidad es que para esa fecha contaba con poco menos de veintiocho años de edad.

Varios de los más viejos ofrecieron dinero para la preparación de los medicamentos necesarios para ser rejuvenecidos, y después de insistentes ruegos Giuseppe aceptó. Lo mismo sucedió con otros que se interesaban por los experimentos de multiplicación del oro. Una vez más la situación económica era bonancible. Las entregas de dinero y la llegada de nuevos socios se fueron incrementando.

Un incidente ocurrido en la calle de Saint Jacques de la Boucherie, abrió una nueva puerta a la fortuna del Conde de Cagliostro. Un cochero después de ser atropellado por un carruaje, yacía en el suelo sin conocimiento y rodeado por un grupo de curiosos, en los momentos en que Giuseppe pasaba por el lugar. Al notarlo, dispersó rápidamente a los curiosos y se hizo cargo de la situación. Tomó el pulso y escuchó los latidos del corazón. Pidió a uno de los curiosos que sostuviera la cabeza del hombre un poco levantada, mientras él sacaba de sus bolsillos un frasco con un líquido que destapó y depositó tres gotas en la boca del infortunado.

En cuanto el líquido hizo contacto con la lengua del accidentado, éste abrió los ojos y recuperó la respiración que parecía haber perdido. Con mirada sorprendida ante la gran cantidad de personas desconocidas que formaban un círculo a su alrededor dirigió una interrogante expresión a su salvador.

El Conde, con voz amable y tranquilizadora le hizo saber lo que le había ocurrido y le recomendó que de inmediato se pusiera en manos de su médico, ya que era necesaria una revisión más a fondo y un tratamiento. Si la casualidad no hubiera hecho que pudiera intervenir de inmediato, seguramente nunca hubiera regresado del desmayo y la inconsciencia en que estaba sumido.

Entre los curiosos estaba un célebre boticario que se sorprendió ante la habilidad de verdadero maestro que había demostrado el forastero, y lo invitó a pasar a su establecimiento para ponerse a sus órdenes. Cagliostro aceptó y sostuvieron una interesante charla en la que el farmacéutico quedó maravillado ante el gran caudal de conocimientos que poseía su invitado. Dominaba las medicinas egipcia, india y europea; conocía las facultades medicinales de las plantas, los ungüentos, los metales. Según lo pudo comprobar se trataba de una verdadera eminencia en la práctica de la medicina.

No dudó en ofrecer su establecimiento para que ejerciera como médico, vaticinándole un éxito inmediato. Giuseppe aceptó y de inmediato su consultorio se vio pletórico de pacientes que ante la gran difusión que el boticario y todo el grupo de curiosos que se habían enterado del prodigio, acudían con fe ciega en el noble médico italiano. Tres o cuatro horas diarias duraba la consulta en la farmacia.

Ante tal situación, Giuseppe, sin hacérselo saber a su nuevo amigo, rentó otro lugar en la Barriere, y puso otro consultorio, en el que también logró numerosa clientela. Las curaciones que realizaba, eran comentadas y la fama cundió por todos los ámbitos de la ciudad.

Era común escuchar a personas de todas las posiciones sociales expresarse en términos altamente elogiosos del gran médico el Conde de Cagliostro, en quien admiraban su atrayente personalidad, su clara y convincente expresión, así como sus conocimientos en casi todas las ramas del saber humano.

El matrimonio se mudó al piso alto del lugar donde estaba el consultorio en la Barriere y con gran lujo equiparon su casa y sus personas: joyas, vestidos confeccionados con las más ricas telas, sirvientes.

Monsieur Duplaisir se sintió defraudado y con peligro de no poder seguir gozando de la compañía de la Condesa; sintió odio por Cagliostro y tratando de destruirlo aconsejó a Lorenza que lo abandonara, ya fuera para fugarse con él a otra parte, o bien para que se regresara a Italia con sus padres, él le daría los medios necesarios.

A ella le pareció adecuado el consejo y aceptó la ayuda para retornar al lado de su familia. Duplaisir rentó una casita en un lugar alejado y llevando sólo algo de ropa, ella se mudó.

Cuando Giuseppe se dio cuenta, acudió a las autoridades y consiguió que se le buscase. Como tenía muy importantes recomendaciones la policía puso empeño en el asunto y fácilmente la encontraron. Fue detenida y enclaustrada en Santa Pelagia para purgar la condena que su esposo ofendido fijara. La sentencia fue de seis meses en los que ella debería estar incomunicada.

Giuseppe recogió todas las joyas y regalos que Duplaisir había hecho a su esposa, ante la indignación y cólera de Monsieur, quien no se atrevió a protestar por temor al escándalo.

Al no poder triunfar sobre Cagliostro, Duplaisir se dedicó a hablar barbaridades de él ante los médicos con quienes tenía alguna amistad, invitándolos a que lo denunciaran y que al no poder presentar la documentación necesaria para ejercer como médico, le prohibirían ejercer como tal. Sin embargo, ya Cagliostro contaba con amistades en el Parlamento que no dieron oído a las quejas. No obstante poco tiempo después el más poderoso de sus favorecedores fue promovido a otra población, y el tribunal le prohibió que ejerciera como médico. Le daban un plazo de tres meses para que presentara la documentación correspondiente y aprobara un examen, con lo que podría ejercer legalmente.

Cagliostro acudió a visitar a su esposa en su reclusión, conversó con ella, se reconciliaron y le levantó el castigo. Se unió a él nuevamente en el domicilio de la Barriere. En cuanto Duplaisir se enteró, trató de buscarla pero no se atrevía a hacerlo de frente, por lo que se decidió a enviarle una carta, misma que ella mostró al Conde de inmediato.

Al no haber la respuesta esperada, Duplaisir envió un nuevo mensaje amenazando con matar al Conde si no acudía ella al llamado de Monsieur.

Había llegado la hora de partir. Al no poder ejercer más como médico; ante las exigencias de los socios que querían ver resultados; con la amante que esperaba rejuvenecer cansada del abandono en que la tenía Cagliostro y para remate con las amenazas de Duplaisir, no valía la pena permanecer por más tiempo en París.

Hizo saber a todos que acudiría a Malta y Rodas para traer nuevos conocimientos y los documentos que le faltaban para ejercer como médico, y emprendió el viaje, acompañado de su esposa y con un boato y riqueza que causaba la admiración. Pero el viaje no era a las ciudades mencionadas, sino que se dirigieron a Palermo.

El arte de ganar la lotería

Palermo, la capital de Sicilia, lugar donde había nacido Giuseppe Balsamo, recibía ahora, muchos años después al Conde Alejandro de Cagliostro, casado con la Condesa Lorenza.

A pesar del tiempo transcurrido y del nuevo nombre con el que se presentaba, en poco tiempo fue reconocido por alguien, y no tardó en llegar la noticia a Marano quien de inmediato movió sus influencias y logró que se detuviera a Giuseppe Balsamo, quien se hacía llamar el Conde de Cagliostro y que era el mismo que años atrás lo había burlado. Ya estando en prisión, se le removió el caso del testamento del Marqués Mauricio, en el que había intervenido.

Lorenza acudió a visitar a Cagliari, esposo de la tía de Giuseppe y le solicitó su ayuda, pero éste no quiso saber nada del jovenzuelo que tantos problemas le había ocasionado cuando se hizo cargo de su manutención y sus estudios. La tía ya había fallecido y no había quien ablandara el corazón del cambista.

Por más esfuerzos y argumentos que esgrimía Giuseppe, no lograba convencer a las autoridades y tuvo que resignarse a permanecer en la prisión. Cuando su cautiverio llevaba cerca de los sesenta días, llegó a la ciudad el Barón de Brettevil, con quien había sostenido una buena amistad en Roma, y que era muy rico y ampliamente conocido en todo Sicilia. En cuanto Balsamo se enteró de la llegada de su antiguo amigo, envió a su esposa a que le hiciera saber de su estado y le pidiera que efectuara una visita a la prisión.

El Barón, en cuanto supo la noticia, acudió de inmediato a visitar a Cagliostro, se enteró de todo el problema y los pasos que se habían dado, y ofreció mover todas sus influencias para liberarlo lo antes posible.

Contrató a un buen abogado, que fácilmente demostró que no existían pruebas que demostraran que los dos delitos que se le imputaban hubieran sido cometidos por su defendido, y en pocos días logró la libertad del inculpado, pero con la condición de que abandonara la ciudad de inmediato, por considerársele *non grato*.

Cagliostro, después de agradecer efusivamente el valioso servicio a su amigo el Barón, se movilizó, acompañado de su esposa con rumbo a Malta, donde esperaba realizar profundos estudios entre los diferentes grupos de personalidades que residían en el lugar o que lo visitaban.

Se puso en contacto con los rabinos que practicaban la adivinación de la paloma, que se efectuaba utilizando los servicios de una niña virgen. Permaneció con ellos hasta que dominó por completo el método.

Hizo estudios sobre plantas medicinales y efectos del opio. Adquirió una enorme cantidad de pócimas y remedios médicos y mágicos de las más diversas procedencias.

Participó en ceremonias de evocación de los muertos. Conoció del fetichismo, de la magia, de todas las formas de adivinación.

De uno de sus maestros recibió el regalo de un sello que mostraba una serpiente traspasada por una flecha, que tenía en el hocico una manzana. Gustó tanto a Giuseppe que desde entonces lo utilizó como su sello personal.

Cuando consideró que había adquirido los conocimientos que tanto deseaba, se mudaron a Nápoles.

En esa hermosa ciudad, se encontraron con un aficionado a la alquimia, quien asociado con un fraile franciscano se dedicaba a efectuar experimentos. De inmediato el rico estudioso y practicante de la alquimia, sintió deseos de que el recién llegado se asociara con él, pues sabía de los grandes conocimientos que poseía.

Cagliostro se mostraba amable y generoso y les hacía saber los errores en que estaban incurriendo y por los que no habían logrado ningún beneficio. A medida que el tiempo pasaba, se incrementaba el deseo de que entrara a la sociedad. Sin embargo, el fraile decidió retirarse a hacer experimentos por su cuenta y dejó el campo libre al Conde, quien se asoció con el rico caballero.

Lorenza, tratando de reconciliarse con su familia, había estado enviando cartas. En una de las contestaciones, su hermano le pedía que recordase a Giuseppe el ofrecimiento que alguna vez le hiciera sobre invitarlo a participar de sus triunfos y colaborar en sus negocios.

Cuando el marido se enteró, dio instrucciones a Lorenza para que le enviara dinero suficiente para que se uniera con ellos.

Y, tal como se le había prometido, Bautista Feliciani, se encontraba en la casa de su hermana y su cuñado. Balsamo trató de preparar a su cuñado para que trabajara como su ayudante o secretario.

Había en la ciudad una viuda enormemente rica, pues su marido había sido un próspero hombre de negocios apellidado Flambart. Cagliostro tuvo oportunidad de conocerla y se inició una gran amistad. La viuda sentía una gran atracción por el distinguido caballero, de tan buenos modales, tan amplia cultura en todos los campos del saber humano y su profunda y dominante mirada.

La señora Flambart mantenía relaciones con un viejo amigo de su esposo, poseedor también de una enorme fortuna. Cuando notó la profunda admiración que ella sentía por Cagliostro, se sintió incómodamente celoso y así se lo hizo saber a la dama. Ella, sin querer perder a su amante, pero sin querer que le impidieran estar cerca del Conde, hizo saber a Weisvillier, el viejo amigo de su esposo, que Cagliostro en su calidad de médico estaba aplicándole un tratamiento para afirmar sus tejidos y rejuvenecerla.

El caballero aceptó en principio las explicaciones de su amante, pero se decidió investigar por su cuenta. En la primera ocasión en que pudo estar a solas con Cagliostro, le pidió que le explicara sobre sus conocimientos médicos en el rejuvenecimiento. El Conde, en forma magistral, dio una cátedra al sorprendido Weisvillier, quien abría desmesuradamente los ojos, tanto por la sorpresa que le causaba tan gran sabiduría, como por la alegría que sentía al comprender que la viuda sería rejuvenecida para su deleite y que él mismo podía ser sometido a los tratamientos.

En menos que canta un gallo, entregó su total confianza y admiración al médico. Se puso en sus manos y se inició el tratamiento, junto con una profunda amistad.

Tenía la viuda de Flambart una hija joven. Tanto ella como Weisvillier, habían pensado en casarla con algún caballero de origen noble, para lo que habían destinado una importante suma que sería su dote. La joven era de aspecto atractivo y juvenil, y por su juventud podría ser moldeada por su esposo. El Conde de Cagliostro presentó a la familia a su cuñado Bautista, como un noble caballero romano de alta posición económica.

Su intención era que Bautista se casara con la joven, lo que le daría una inmensa fortuna y grandes posibilidades de triunfo. Le esperaba una vida regia.

Sin embargo, el cuñado no se entusiasmó con la idea. No estaba dispuesto a casarse con una joven desconocida solo porque era rica. Él pretendía conservar su soltería y vivir en el mundo de los negocios. Lorenza apoyó al hermano y se opuso a que contra su voluntad se le obligara a casarse; el matrimonio lo haría con quien él quisiera y cuando él mismo lo decidiera.

No pudo el Conde convencer ni a su esposa ni a su cuñado de la conveniencia de aquella boda. Elaboró él mismo una carta en la que se le hacía saber que su suegra

Magdalena Fierri se encontraba en estado grave y con peligro de pronto fallecimiento. Mostró la carta, como si la hubiese recibido de Roma, a su esposa y a su cuñado. Hizo los preparativos para el viaje. Lo comentó con Weisvillier y con la viuda de Flamblart, quienes se condolieron del pesar del Conde y le hicieron grandes regalos, entre ellos un elegante carruaje, y le dieron una fuerte suma de dinero para lo que hiciera falta. Se despidió de ellos muy agradecido y prometió volver en cuanto le fuera posible.

Sin embargo, el viaje no es a Roma sino a España. Al llegar a Barcelona vendió el coche. Después de unos días de descanso se dirigieron a Valencia y luego a Alicante. Se identificaban como Thiscio Napolitano, su esposa y su cuñado. Luego pasaron a Cádiz, donde se establecieron por algún tiempo.

Había en el puerto un hombre rico que tenía gran afición por los negocios que produjeran grandes utilidades de inmediato. Thiscio entabló amistad con él y lo maravilló con sus profundos conocimientos sobre la adivinación y sobre la piedra filosofal, con la que podía multiplicar el oro y obtenerlo de otros metales de menor valía. Como era su costumbre, despertó su curiosidad y su codicia, haciendo que el interlocutor le solicitara entrar en sociedad para obtener tan valiosas ganancias. Y también como en todas las ocasiones anteriores, Thiscio se rehusó varias veces, para despertar más aún su interés y para demostrar confiabilidad absoluta.

Como tenía que suceder, ante la insistencia y entusiasmo demostrados por el caballero, Thiscio aceptó entrar en sociedad y hacer todos los preparativos para elaborar la piedra filosofal. Recibió una fuerte suma de dinero para encargar los elementos necesarios para ese fin.

Mientras tanto, surgió un problema entre el matrimonio y el cuñado. Hacían falta algunas joyas, mismas que

Thiscio suponía que el hermano de su esposa había sustraído en uno de los viajes. Hubo una tremenda discusión, y Bautista indignado salió de la casa dando un portazo y sin indicar a dónde iría ni por cuánto tiempo.

Thiscio decidió dejar el Puerto y embarcarse a Londres, dejando al cuñado abandonado a su suerte. Su esposa trató de impedirlo, pero él argumentaba estar seguro de que él tenía las joyas que faltaban y con la venta de alguna de ellas tendría más que suficiente para regresar al lado de sus padres.

Al llegar nuevamente a la capital inglesa, aunque con nueva identidad, conoció al señor Scott y a la señora Fry, quienes se dedicaban a buscar los medios de obtener los secretos para ganar a la lotería, mediante estudios cabalísticos. Creían firmemente que en ese tipo de juegos no interviene el azar, sino una complicada red de sistemas y procedimientos que el hombre con paciencia podía descubrir.

Poco tiempo de amistad y mutuas visitas fueron suficientes para que le hablaran a Thiscio sobre sus estudios y que lo invitaran a unirse a ellos para lograr sus objetivos. Se formó la sociedad y se iniciaron los estudios de las listas de números premiados en sorteos de varios años anteriores. La dirección de los estudios y el establecimiento de los sistemas eran diseñados por Thiscio, mientras que Fry y Scott, simplemente hacían las investigaciones que su director solicitaba.

Después de una búsqueda, Thiscio conoció el caso de una mujer con dotes extraordinarias para funcionar como medium. Mediante sesiones de hipnotismo la dama hizo precisos descubrimientos, mismos que eran comprobados.

Cuando consideró que la capacitación era suficiente, en una solemne sesión en compañía de sus socios, la medium fue consultada sobre los números de lotería que saldrían premiados en los próximos cinco sorteos.

La joven pronunció una cifra de cuatro guarismos. Adquirieron esos números para las cinco siguientes fechas, y con toda la seguridad que les daba Thiscio, esperaron.

Y en efecto, antes de cuatro sorteos ya habían ganado un premio de dos mil libras esterlinas, que repartieron equitativamente en tres partes.

Con tal éxito, la admiración que les causaba se incrementó enormemente. En señal de agradecimiento la señora Fry regaló a la esposa de Thiscio un precioso collar que contenía setenta y dos brillantes, mientras que Scott regaló a su socio una finísima tabaquera de oro, adornada con diamantes. Querían expresar sus profundos sentimientos de admiración a quien les había mostrado ya sus poderes y al mismo tiempo querían ganarse su amistad para que siguieran juntos en la productiva asociación.

Por su parte, Thiscio, daba poca importancia al hecho de haber obtenido ese premio, que era una cantidad insignificante comparada con lo que podrían hacer en otro tipo de actividades, tales como el engrosamiento de las piedras preciosas sometiéndolas a un tratamiento especial y enterrándolas luego por un tiempo y consolidándolas después con un polvo especial que él sabía cómo elaborar y utilizar. Otra forma de obtener importantes sumas de dinero era la utilización del elíxir de la juventud en las personas de edad, que pagarían cualquier cantidad con tal de lograr el mejorar su aspecto al grado de aparentar veinte o treinta años menos.

Scott y Fry, seguros de lo que hacían, ofrecieron invertir lo que fuera necesario para elaborar tan atractivos proyectos, lo que fue aceptado por Thiscio, quien montó un laboratorio lleno de retortas, matraces, incensarios, aguas de colores y piedras preciosas en bruto. Pasaba varias horas al día trabajando en sus investigaciones, algunas veces observado cuidadosamente por uno de sus socios o por los dos, que con frecuencia se presentaban.

Después de dos o tres meses de trabajos, la señora Fry, al ver que no había resultados, tuvo desconfianza y tal vez aconsejada por alguien, reclamó a Thiscio. Éste le explicó que ese tipo de experimentos no se realizaban de la noche a la mañana y que se necesitaba más tiempo para concluir. Scott estaba de parte de él. Sin embargo, la dama acudió a las autoridades a denunciar haber sido estafada y mandó detener al impostor.

Durante las averiguaciones Thiscio se presentó como un experimentado cabalista y mediante testigos demostró que había obtenido en sociedad con su acusadora y con Scott un premio de dos mil libras, mismo que se había repartido equitativamente. Al comprobarse que esto era rigurosamente cierto, salió en libertad.

La masonería egipcia

Caminaba sin rumbo cierta tarde el Conde de Cagliostro por las calles de Londres, cuando le llamó la atención un cartel en el que anunciaban la venta de diversos objetos que eran propiedad de un anciano que había fallecido recientemente.

Penetró al recinto y se encontró una extensa colección de objetos de arte, joyas, vasijas, monedas antiguas, manuscritos, libros, muebles.

Durante un buen rato, observó aquel caudal de antiguallas, sin que ninguno de los objetos expuestos le despertara el deseo de adquirirlo. De pronto en uno de los anaqueles, encontró un libro cuyo nombre le causó cierta impresión, primero de disgusto o desagrado, luego de un profundo e imperioso deseo de poseerlo y conocer su contenido. El título era: "Masonería Egipcia expuesta y comentada por Jorge Cofton".

Temiendo que alguien pudiera tomarle la delantera en la adquisición de la obra, inmediatamente la tomó, y para no mostrar su gran interés, lo colocó en medio de otros libros, de los cuales ni siquiera miró el nombre. Los pagó y salió apresuradamente.

Tenía prisa por llegar a su casa y leer el contenido del libro que tan profundamente lo había impresionado. De pronto, fue interceptado por un militar prusiano que le preguntó si él había adquirido un libro sobre la Masonería Egipcia en la almoneda. Cagliostro contestó afirmativamente, y el militar le platicó, que había acudido al lugar de la venta, y hojeando el catálogo, vio el nombre del libro, sintió interés por conocerlo y le informaron que se acababa de vender a un caballero que salió en esta dirección. Por eso tuvo el atrevimiento de alcanzarlo, para pedirle le permitiera ver el libro para darse cuenta de su contenido.

Cagliostro aceptó gustoso mostrar el libro; fueron a una cervecería cercana y mientras el militar lo hojeaba, charlaron amistosamente.

El Conde relató sucintamente su historia al militar y éste, a su vez, dijo ser el Coronel Falsteind, Past Master de la Gran Logia de Berlín, y que se encontraba en Londres habiéndose afiliado a una Logia Masónica del Rito Yorkino; razón por la que tenía profundo interés en conocer ese libro.

Nació entre ambos un sincero sentimiento de amistad. El Coronel fue invitado a la casa del matrimonio Cagliostro. Sintió Falsteind una gran admiración por los conocimientos y profunda personalidad del Conde, al grado de que le invitó a ingresar a la Logia a la que él estaba afiliado. La confianza que le causaba el Conde le hacía merecedor a aquel privilegio otorgado sólo a personas de honorabilidad, rectitud, inteligencia y conocimientos ampliamente aceptados y demostrados.

Alejandro de Cagliostro, fue iniciado con todos los honores y debido a su profunda inteligencia y habilidad, muy pronto pasó al segundo y tercer grado de la Masonería, según el Rito de York.

Ya en su calidad de Masón, viajó por diversas ciudades de Holanda, Austria, Italia y Alemania, y en todas ellas se relacionaba fácilmente al visitar las Logias Masónicas, en las que era admitido de inmediato al identificarse.

Tuvo oportunidad de profundizar en el conocimiento de los fines y propósitos de la fundación masónica, así como de sus procedimientos de selección, iniciación y adiestramiento de sus miembros, para su mejor desempeño en la sociedad y en su vida personal.

Se trataba de una institución de los más altos ideales en cuanto a la rectitud y la justicia, la comprensión y la tolerancia, el respeto y la solidaridad humana.

Para allegarse fondos que le permitieran vivir cómodamente y acrecentar su caudal, se dedicaba a la actividad de médico, con la que tan fácilmente encontraba éxitos que le hacían contar rápidamente con clientela numerosa. Al mismo tiempo, con ayuda de la Condesa Lorenza Feliciani, recibía valiosos regalos de sus Hermanos Masones, cuando ella les contaba a solas que su esposo estaba un poco preocupado porque ciertas remesas que esperaba se habían retrasado, pero que él no lo diría por ningún motivo. Los generosos hermanos, creyendo que se trataba de un verdadero problema, se desprendían de fuertes sumas de dinero para auxiliar a su hermano en desgracia, práctica común entre los Masones de todo el mundo.

Se decidió a utilizar el prestigio y solidez de la Institución Masónica para su propio provecho y basándose en las explicaciones del libro que casualmente había encontrado y que le había facilitado la iniciación, formó todo el Rito de la Masonería Egipcia, con todos sus grados, dignidades, procedimientos, ornamentos, etc., etc.

Entre las finalidades de su muy particular Masonería Egipcia, incluyó las enseñanzas de la adivinación, la sibila, el uso de la esfera de cristal, y por último, los secretos de la eterna juventud y la purificación del alma.

La máxima autoridad del Rito a nivel mundial, recaía en el Gran Copto, puesto que correspondía al mismo Cagliostro. Hizo la documentación necesaria para que pudiera demostrar esa categoría ante quienes se presentara. Además elaboró la correspondencia en la que se le autorizaba a fundar nuevas logias en todos los países del mundo.

Los iniciados debían cubrir fuertes sumas de dinero, tanto al ingresar como al ascender a cada uno de los grados. Los secretos también se iban dando poco a poco a medida que se lograban los ascensos. Desde luego, las cantidades recaudadas pasaban íntegramente a los bolsillos del Gran Copto.

En la Haya, formó una logia que de inmediato comenzó a trabajar. Con la ayuda de su esposa, abrió logias femeninas en las que ella era la conductora.

Viajó a Italia con el nombre de Marqués Pellegrini. Se presentó en algunas Logias del Rito de York, y tratando de ganar adeptos para su rito, les habló de la Masonería Egipcia y realizó algunas demostraciones de adivinación que dejaron maravillados a quienes tuvieron oportunidad de presenciar los prodigios. Con ello formó también logias en ese país, que de inmediato entraron en correspondencia con las fundadas anteriormente en otras regiones. La nueva comunidad masónica comenzaba a tomar forma.

Se trasladó al Imperio Moscovita. Llegó a San Petersburgo, con extraordinarias recomendaciones, usando la identidad de Conde de Fénix y vestido con un uniforme de Coronel Prusiano. Se presentó ante las autoridades a quienes mostró sus credenciales que lo autorizaban como médico, como consultor en problemas de difícil solución y como experto en metales y piedras preciosas. Se abstuvo de visitar Logias Masónicas, lo que dejó para el momento en que ya gozara de amplio prestigio y reconocimiento.

Tuvo oportunidad de atender en calidad de médico tanto a nobles como a gente del pueblo. Sus casi milagrosas curaciones, su destreza y aplomo para establecer los diagnósticos y su poder de convencimiento, en muy poco tiempo le dieron la fama y el poder que buscaba. Además se ganó el agradecimiento de la sociedad porque atendía amablemente y sin cobro de honorarios a los pacientes carentes de recursos; y no sólo eso, sino que les obsequiaba la medicina y aún los medios para la alimentación especial que requerían.

Uno de los Ministros tenía un hermano que había enloquecido. Se creía más grande que Dios; atacaba con furia y violencia a todos los que se le acercaban; blasfemaba continuamente. El Conde de Fénix fue llamado para atenderlo, lo que aceptó después de conocer todos los pormenores del caso. Cuando llegó a verlo, lo encontró atado con fuertes cadenas. El enfermo se enfureció ante la presencia de un desconocido y de no haber sido por las cadenas, hubiera intentado destruirlo con sus manos.

El Conde, con todo aplomo y serenidad se acercó a su paciente y con voz enérgica le dijo:

—¿Te callarás tú, espíritu mentiroso? ¿Acaso no me reconoces, a mí que soy Dios, por encima de todos los dioses, que me llamo Marte? ¿Ves este brazo fuerte que puede moverlo todo, desde lo más alto de los cielos hasta lo más profundo de la tierra? Vine a tí por un sentimiento de piedad y para hacerte el bien, y ya ves cómo me recibes."

Al terminar su expresión le propinó al enfermo un fuerte golpe en la quijada que lo derribó. Ordenó a los guardianes que lo levantaran y se mostró sorprendido y más calmado. Pidió entonces el Conde que le llevaran comida para dos personas y cuando fue cumplida su orden, se sentó frente al enfermo y empezó a comer. El pobre sujeto se sintió humillado, bajó la cabeza y desapareció por completo su expresión furiosa.

Entonces el Conde ordenó a los guardianes que soltaran al enfermo de sus pesadas cadenas, para que se acercara a comer con él. Lo soltaron, se acercó sumisamente, se sentó a una leve indicación del médico. Éste, con voz serena, llena de comprensión, le explicó:

—Tu salvación está en la humildad; estar desprovisto de toda tu fuerza frente a mí. Acércate y come.

Con toda humildad, sin la menor muestra de cólera, el enfermo comió lentamente frente al hombre que por primera vez había podido controlarlo. Todos los presentes estaban maravillados. No podían creer lo que estaban presenciando. Nadie había logrado por ningún medio apaciguar al furioso enfermo.

Agotada la comida, el Conde dio instrucciones a los guardianes del enfermo para que prepararan una ligera embarcación a las orillas del río Neva y que aguardaran allí.

Subieron a un coche tirado por seis hermosos caballos, y pasearon tranquilamente un rato y llegaron al lugar donde lo esperaban con la embarcación lista para zarpar. En secreto el médico explicó a los guardianes lo que tendrían que hacer llegado el caso. El Conde y el enfermo, solos treparon a la embarcación y soltaron las amarras. Remaron un poco contra la corriente. Cuando estuvieron a considerable distancia de la orilla, el Conde se paró, invitó al enfermo a incorporarse también. Estando ambos de pié, el médico tomó fuertemente al enfermo por los hombros intentando derribarlo al agua. Como es de suponerse, los reflejos funcionaron inmediatamente y se dio un forcejeo en el que uno trataba de arrojar a su oponente al agua y el otro trataba de evitarlo.

Pudo más la astucia y fuerza del Conde; hizo perder el equilibrio a su paciente que se desplomó, pero alcanzó a sujetarse de una pierna de su agresor y lo jaló consigo. En el agua, siguió el forcejeo. El médico trataba de mostrar su superioridad al enfermo y se colocaba siempre sobre él, haciéndolo permanecer debajo del agua. Después de varios minutos de lucha, el Conde nadó tranquilamente hacia la orilla y los guardianes acudieron a auxiliar al enfermo, según las instrucciones que habían recibido previamente.

Ambos se secaron los cuerpos y se cambiaron de ropa, y paciente y médico volvieron a subir solos al carruaje y regresaron. En el camino, el enfermo, con toda humildad y sinceridad reconoció que estaba equivocado y que reconocía la superioridad demostrada, y que aceptaría gustoso cualquier indicación que se le hiciera. El Conde, sonriendo amablemente, aclaró que todo había sido un procedimiento para hacerlo entrar en razón, ya que él no era ningún Dios, sino solamente un hombre que trataba de curarlo. Desde ese día el enfermo se sometió pacientemente al tratamiento y no volvió a mostrar ningún indicio de su antiguo mal.

Consideró entonces oportuno presentarse ante las Logias frecuentadas por lo más alto de la nobleza. Explicó los objetivos particulares de su rito, lo que avaló con una serie de adivinaciones que dejaron la misma admiración y sorpresa que había logrado en todas las ocasiones anteriores.

Había rentado el matrimonio una finca en las afueras de la ciudad, donde La Condesa Serafina, (nombre que usaba entonces Lorenza Feliciani) recibía dos veces a la semana a lo más granado de la sociedad femenina.

En una ocasión el Príncipe Potemkin, favorito de la Zarina, conoció a la Condesa Serafina y se enamoró perdidamente de ella a primera vista. Insistentemente le dirigía perfumadas cartas y valiosas joyas, hasta que logró ser recibido a solas por las noches. Una berlina, con el cochero y el Príncipe acudían casi cotidianamente a la alejada finca, y después de algunas horas, regresaba con rumbo a la ciudad.

Un inesperado día, la Condesa recibió un cofre que contenía una verdadera fortuna en monedas de oro y un hermoso aderezo de diamantes, acompañado todo ésto de una carta del Príncipe, en la que decía:

"Condesa: Nuestra felicidad ha tenido espías y aún delatores. Dejadme arrostrar solo las terribles iras y poneos en salvo cuanto antes. Adiós, no me olvidéis y dignaos aceptar mi última memoria. Vuestro siempre. Potemkin."

Apresuradamente corrió a la habitación de su esposo y éste, antes de que ella pudiera expresar palabra alguna, recibió de él efusivamente una felicitación, porque había recibido momentos antes una carta de su Graciosa Majestad Imperial que decía:

"Señor Conde: Su Majestad Imperial la Zarina, mi Señora, ha señalado esta noche, de nueve a diez de la misma, para recibir en audiencia particular a la señora Condesa de Fénix, encargándome el honor de participároslo. Vuestro. Souweroff."

Ella le entregó el cofre y el recado que acababa de recibir y se mostró altamente preocupada por la situación que se presentaba. Pero él la convenció de que debía acudir a la invitación de la Zarina.

A la hora indicada el Chambelán de Catalina II, anunciaba la presencia de la Condesa de Fénix. La hicieron esperar en un aposento. Vestía un hermoso vestido negro de tipo veneciano y llevaba al cuello el hermoso aderezo que le obsequiara Potemkin. De repente, y sin más avisos ni protocolos, se abrió una puerta y Catalina entró en el aposento con lentos pasos majestuosos, seguida de una dama de la corte. Se paró a dos metros de la nerviosa Condesa y la observó de pies a cabeza con detenimiento. Al fin de la minuciosa revisión, Catalina se dirigió a su acompañante:

—No es demasiado hermosa, pero es linda. ¿Qué piensas tú, Ana?

La interpelada no contestó ni hizo señal alguna. La Zarina, dirigiéndose ahora a Lorenza la invitó a acercarse:

—Acercaos Condesa. Nada temáis. Acercaos.

Lorenza, obedeciendo a la Zarina, dio unos tímidos pasos para acortar la distancia entre ambas, y cuando estuvo cerca escuchó de Catalina:

—¿Sois romana, verdad?

—Sí, Señora. —Contestó titubeante la Condesa.

—¿Y, vuestro esposo el Conde de Fénix, es también italiano?

—No, Señora. El Conde es maltés y su educación la recibió en el Oriente.

—¿Tenéis hijos?

—No, Señora. No hemos logrado la dicha de tenerlos.

—He recibido noticias de que vuestro esposo es un gran sabio, como muy pocos hay en el mundo. ¿Estáis a gusto en Rusia?

—Me agrada mucho vuestro país, Señora, sólo que ahora...

—No os detengáis, proseguid.

—Siento nostalgia por mi país y deseo regresar lo más pronto posible. Deseo ver a mis padres a quienes hace tiempo no visito, ni sé de ellos.

—¿No dejáis algo en esta ciudad?

—¡Claro que sí, Señora! Dejo un buen número de amigas y amigos que me han mostrado su amabilidad y su afecto.

—¿Y, nada más?

—Nada más, Señora.

—Se os atribuyen conquistas, y no de cualquier categoría, sino de muy alto rango, de las que normalmente no están al alcance de una aventurera...

—¡Señora! —Exclamó Lorenza, mientras salía de cada uno de sus ojos una lágrima.

—Condesa, huir de las calumnias es el mejor camino cuando está en nuestras posibilidades hacerlo. Vos podéis. Aprovechad mi consejo, dejad estas tierras, esto será bueno para vos.

—Complaceré a Vuestra Majestad. —Contestó Lorenza con una reverencia respetuosa.

—El Príncipe Souweroff enviará a vuestro esposo el Conde, el oro necesario para que hagáis tan inesperado viaje con todo el lujo y la comodidad que corresponde a vuestro alto linaje.

Se despidió Catalina y acompañada de Ana salió por la misma puerta por la que había entrado.

El Gran Copto

Su nuevo destino sería Varsovia. Arribaron con todo el boato y lujo que correspondía a tan noble familia. Se trataba ahora del Marqués de Anna y su esposa la Condesa. Se instalaron en un lugar que presentaba las comodidades que deseaban.

Había en la ciudad dos Logias Masónicas que recibieron al Gran Copto de la Masonería Egipcia. Les dio algunas conferencias sobre sus ritos, y les ofreció varias sesiones de adivinación de la paloma, utilizando para ello niñas que él mismo llevaba. Algunos concurrentes sospecharon que las niñas podrían ser la clave del secreto de la adivinación y sugirieron que para la siguiente sesión utilizaran a las propias hijas de los Masones del lugar. El Gran Copto aceptó sin mostrar la menor preocupación, y para sorpresa de todos, obtuvo con ellas los mismos resultados. Todas las preguntas que le hacían, las contestaba la virgen que estuviera participando en el experimento y en cada ocasión podía comprobarse la veracidad de la respuesta.

Con ello, se ganó la confianza del pleno de las Logias. Entre ellos, un Príncipe, trató de hacer amistad más íntima con el Marqués. Buscaba recibir ayuda para conseguir un diablo familiar que le resolviera todos sus problemas y satisfaciera sus deseos. Lo comunicó al Gran Copto, quien trató de no dar importancia al asunto y dar un nuevo giro a la conversación.

Fuertes y cuantiosos regalos eran enviados con frecuencia a la residencia de los Marqueses por parte del Príncipe, quien porfiaba e insistía en que se le diera ayuda para su ambicioso deseo de poseer un diablo familiar.

Johann Wolfgang Goethe, autor de la comedia dramática *El Gran Copto*, cuyo personaje central es el conde de Cagliostro.

El Marqués, investigando cautelosamente, supo que el Príncipe era un hombre obstinado y caprichoso, que utilizando su poder y sus influencias se vengaba fieramente de todo el que no aceptaba sus condiciones, por lo que consideró que no valía la pena permanecer más tiempo en ese lugar y mudaron su residencia a Francfort.

En esta ciudad había varias Logias Masónicas y una Dirección de buena parte de Europa. Entró Cagliostro en contacto con algunos de los hermanos y se identificó con ellos según las costumbres masónicas. Se presentó como Alejandro de Cagliostro, con la Jerarquía de Gran Copto del Rito Egipcio. A los Masones de Francfort les sonó familiar el nombre y le aseguraron que en los archivos secretos de la Orden estaba registrado su nombre, su sello y su firma. Él se guardó de mostrar sorpresa, y pidió que se le mostraran los libros. Para tal efecto citaron a Alejandro al día siguiente en la casa de uno de ellos.

Llegó puntualmente a la cita, donde lo recibieron varios hermanos. Lo condujeron a un amplio jardín en cuyo centro había un quiosco; penetraron a él y uno de ellos levantó una tapa secreta que abrió un pasadizo. Bajaron la escalera alumbrados con una linterna que llevaba encendida otro de los hermanos y llegaron a una amplia sala en donde estaban los archivos secretos de la Masonería.

Allí estaban las actas de instalación de todas las Logias Iluministas de Alemania; la correspondencia de cada una de ellas con la Gran Logia; los registros de los depósitos en los bancos europeos, que constituían un enorme capital. Lo que más sorprendió a Cagliostro fue el hecho de que le fuera presentada una acta en la que doce Maestros Templarios se comprometían a participar en forma activa y como dirigentes en el derrocamiento de la tiranía política y religiosa, concentrando todo su poder en Francia. Al fin estaban las doce firmas con sus rúbricas y sus sellos. Entre ellas estaba su propia firma y su sello de la serpiente atravesada por una flecha y sosteniendo una manzana entre sus dientes. Era una falsificación perfecta. Él guardó el secreto y aceptó ser auténtica su participación en el acto.

Antes de despedir al Gran Copto, le entregaron seiscientos luises, como donativo voluntario, para facilitarle sus traslados en el cumplimiento de sus altos deberes masónicos.

Muy corta fue la estancia de los Cagliostro en Francfort. A los pocos días se trasladaron a Estrasburgo, en donde el Conde se instaló como médico.

En cuanto hizo el anuncio de la apertura de su consultorio, se inició la fila de enfermos de todas las clases sociales, que acudían en busca de la ansiada salud. Muy pronto la fama cundió, lo que no fue del agrado de los demás médicos de la ciudad. Ante la insistencia de los galenos, las autoridades acudieron al consultorio de Cagliostro, requiriéndole la documentación que lo acreditara como médico y las autorizaciones para ejercer. Él les relató brevemente de todos sus estudios realizados, haciendo notar las dramáticas curaciones que había realizado entre ricos y pobres. Las autoridades confiaron en él y le autorizaron a seguir trabajando.

Su sala estaba siempre repleta. Se mostraba generoso y amable con los pacientes pobres. Además de las medicinas y de sus servicios profesionales les daba alimentos o dinero para subsistir mientras recuperaban la capacidad de trabajar.

Era admirado y amado por todos. Lo consideraban un gran benefactor, o un santo. La esposa de un importante banquero llamado Samuel Handell, cayó enferma. Varios de los médicos de la población trataron de curarle en vano. Fue llamado Cagliostro, como último recurso. El tratamiento fue tan acertado que al día siguiente la enferma acusaba una importante mejoría y a las pocas semanas estaba totalmente recuperada. Este afortunado acontecimiento acrecentó más aún el prestigio y admiración al insigne médico.

Mientras tanto, la Condesa se codeaba íntimamente con las damas de la más alta sociedad, a quienes cautivaba fácilmente con su sencillez, su amena conversación, su agradable carácter. Promovió entre todas algunas actividades filantrópicas en beneficio de los menesterosos.

Cagliostro acudía con frecuencia a las Logias Masónicas en donde era recibido siempre con honores, por su alto rango como Gran Copto del Rito Egipcio. No dejaba oportunidad para ganar adeptos hacia su rito, ayudado por la adivinación de la paloma o de una esfera de cristal o un simple vaso de agua.

Muchos de los hermanos pidieron al Conde que formara en la ciudad una Logia de su Rito. Estaban dispuestos a aportar grandes sumas de dinero para construir el templo y adquirir los ornamentos necesarios, así como los elementos para la piedra filosofal.

Recibió de Nápoles una carta en la que le informaban que un antiguo amigo suyo, a quien debía muchos favores, estaba pasando por una enfermedad grave. Tratando de buscar su curación o por lo menos asistirlo en sus últimos días, los esposos dejaron Estrasburgo y se dirigieron a la ciudad italiana.

El amigo vivió poco tiempo y cuando ya no era necesaria su estancia allí, Cagliostro y su esposa se trasladaron a Burdeos donde prosiguió él su actividad médica y masónica. Una parte de Francia estaba en desacuerdo con la Gran Logia de París, y pretendían independizarse. Les cayó de perlas la llegada del Gran Copto del Rito Egipcio. Pronto lo convencieron de que formara una Gran Logia a la que se afiliarían todas las logias de Lyon, Luxemburgo, Burdeos y muchas más.

En la finca de un arquitecto se construyó el templo y se le dotó de lo necesario para cumplir sus fines. En cuanto fue posible se iniciaron los trabajos masónicos.

Corrió la noticia de que Monseñor Rohan había sido nombrado Gran Limosnero de la Corona en París. Este acontecimiento despertó en Cagliostro el deseo de trasladarse a esa ciudad.

Informó a sus Hermanos Masones la necesidad que había de dar a conocer la existencia de su actividad ante la Gran Logia de París e informarles de la construcción del templo. Aceptaron que su Gran Copto hiciera el viaje. Le entregaron seis mil francos para sus gastos. Se despidió fraternalmente, dejando instrucciones a los dirigentes; ofreció regresar en cuanto le fuera posible y en compañía de su esposa se trasladó a París.

El collar de diamantes

Llegaron a París con la identidad del Conde Alejandro de Cagliostro y la Condesa Serafina de Feliziani. Como temían ser reconocidos por algunos de sus antiguos socios, buscaron una casa amplia en una zona modesta que no despertara muchas sospechas.

Él adoptó una moda muy especial, vistiendo todo de negro y viajando en una carretela de aspecto solemne y austero. Ella había cambiado mucho su aspecto; la delgada jovencita de aspecto sencillo y humilde, era ahora una hermosa dama de elegante y exuberante belleza, dotada de finos modales.

El Conde se presentó ante Monseñor Rohan para felicitarlo por el reciente nombramiento como Gran Limosnero de la Corona. El Cardenal agradeció a Cagliostro que se hubiera molestado en hacer el viaje desde Nápoles sólo para felicitarlo. De ahí prosiguió una gran amistad.

El Rito Egipcio tuvo de inmediato un inicio con la fundación de una Logia, luego otra y luego muchas más. Se formaron tanto Logias masculinas como femeninas. El Conde, en su calidad de Gran Copto presidía los trabajos de las masculinas, mientras que las de damas eran comandadas por la Condesa Serafina.

En cierta ocasión una de las importantes damas que formaban parte de una Logia femenina, pidió al Gran Copto que le informara cuál era el sexo del bebé que llevaba en el vientre. Como siempre, el Conde aceptó y pidió que se presentara una de las vírgenes niñas, pero no había ninguna disponible en ese momento. Preguntó a las damas presentes si alguna se prestaba a hacer el papel de

María Antonieta de Francia.

paloma. Una voz hizo saber que alguien estaba dispuesta a colaborar. Se puso de pie y avanzó al lugar que ocupaba el Gran Copto. Era una dama exactamente igual en su aspecto a la Reina María Antonieta. Juana de Valois, intervino ante la turbación de Cagliostro y la presentó:

—La señorita Nicolasa Oliva, recibida hace una semana en el primer grado por nuestra Venerable Maestra Serafina.

Cagliostro, repuesto ya de la sorpresa, se acercó a ella, le clavó su penetrante mirada directamente a los ojos, mientras le decía con voz imperiosa y pausada:

—¡Dormid! ¡Dormid!

Después de unos cuantos segundos, Nicolasa se desplomó sin conciencia en un sillón colocado exprofeso detrás de sus piernas.

Se inició la serie de preguntas que las asistentes formulaban y la joven resultó tan eficiente como paloma, que el Gran Copto le pidió que continuara colaborando con él. Sus dotes eran inmejorables. En esa sesión se lograron gran cantidad de adivinaciones, de las cuales todas las que eran comprobables se pudieron verificar de inmediato.

Juana de Valois gozaba de la amistad y confianza de la Reina y con frecuencia era recibida por ésta, además María Antonieta otorgó una plaza al esposo, para ayudarla a ella.

El Marqués de Medard-Colineau, quien había sido Jefe de la Real Armada, cayó enfermo de una fiebre catarral, que a pesar de los cuidados y tratamientos médicos se complicaba cada vez más. El Rey Luis XVI se enteró y por recomendaciones del Cardenal Rohan mandó llamar a Cagliostro y le encomendó hiciera todo lo que fuera posible para salvarle la vida a Medard-Colineau.

De inmediato el Conde hizo el reconocimiento del enfermo y estableció el tratamiento, con tan buenos resultados que antes de veinte días el Marqués estaba tan sano que acudió a una recepción en palacio. Al verlo entrar con paso firme y sereno, sin la menor muestra de dolor o enfermedad, los cortesanos se sorprendieron y toda clase de rumores y cuchicheos se dieron. La fama de Cagliostro se agigantaba.

El Cardenal Rohan, quien admiraba profundamente al Conde por sus grandes y profundos conocimientos, por su gran inteligencia y su imponente personalidad, le recibía con frecuencia en su casa y junto con Juana de Valois, charlaban sobre todos los tópicos de la Corte. Monseñor era fácilmente influenciable y sus dos amigos se aprovechaban de esa situación y le abrían los ojos al Gran Limosnero de la Corona, haciéndole creer que podía ganarse la confianza de María Antonieta, y con su apoyo convertirse en el gobernante tras el trono, como antes lo habían sido Richelieu o Mazzarino.

Cagliostro le hacía ver que por medio de sus procedimientos de adivinación, por la cábala y por todos los detalles, había descubierto que muy pronto se le daría la oportunidad de acercarse a la Reina y que como consecuencia de esa entrevista podría él ir ganando su confianza y llegar a tan ansiada posibilidad de dirigir los destinos de la Francia, aún por sobre la opinión del Monarca.

El principal joyero de la Corona, Minheer Daniel Bohaemer, de origen holandés, había llegado con un gran caudal a París y había sido joyero desde los tiempos de Luis XV. Siempre complacía los deseos de los monarcas por lo que al llegar al trono Luis XVI se le confirmó el nombramiento de Joyero Real.

Bohaemer tenía como uno de sus más caros ideales, hacer un collar de diamantes que superara a todas las joyas que antes se hubieran hecho en el mundo. Consideró que había llegado la hora. Tenía el capital suficiente, los contactos para obtener los diamantes más finos y de más quilates de todo el orbe. Además sus buenas relaciones con los reyes, le abrían la posibilidad de que adquirieran su obra maestra, que por su elevadísimo costo sólo podría ser comprada por reyes poderosos.

Se dio a la tarea y logró una verdadera obra de arte, con ochenta diamantes, digna de admiración aún por los grandes coleccionistas o poseedores de valiosas joyas.

En la primera ocasión en que fue llamado por el Rey, llevó consigo el estuche que contenía el collar. Luis XVI le ordenó que elaborara una charretera de diamantes para el Duque de Orleans. Recibió las instrucciones del monarca y pidió audiencia con su Majestad la Reina María Antonieta.

La Reina se maravilló al conocer la valiosa joya. La tomó en sus manos; se la colocó en el cuello, se vio en un espejo. Era lo más hermoso que hubiera visto. Jamás imaginó que pudiera haber tanta belleza en una sola pieza.

Recomendó al joyero que mostrara el collar al Rey y se la ofreciera para que la obsequiara a ella y que luego le informara del resultado de sus gestiones.

Estando aún la soberana con el collar puesto, entró en la real sala Juana de Valois, quien admiró la hermosura, elegancia y buen gusto del collar que el regio cuello portaba.

Estaban sumidos en la admiración de tan valiosa joya, cuando fue anunciada la presencia del Rey, que como todos los días, visitaba a la Reina. Ésta, tratando de usar cierta estrategia, se quitó el collar y lo colocó dentro del estuche y lo depositó en una cómoda.

Entró el Rey y después de los saludos de rigor se entabló entre todos una conversación en la cual salió a relucir el encargo que el Monarca había ordenado unos minutos antes al joyero Bohaemer.

La Reina, aprovechando la oportunidad elogió a su Real esposo por la atingencia de haber nombrado como joyero de la Corona a Bohaemer, quien tanto se esmeraba en cumplir con los más mínimos detalles para dotar a la familia Real de las más hermosas y perfectas joyas:

—Precisamente, me ha traído una joya digna de vuestra admiración, —dijo, mientras sacaba de la cómoda el estuche y de éste el precioso collar que se colocó coquetamente en el cuello, mostrándolo orgullosa al sorprendido monarca.

—¡Soberbio collar! —expresó el Rey.

—¡Digno sólo de la esposa del Rey de Francia y de Navarra!, —agregó María Antonieta.

—¿Ordenásteis vos que se hiciera esta alhaja?— inquirió el Monarca.

—No, mi Señor. Nuestro joyero Real, considerándola digna de mí, me la ha presentado. Coincido con él en que es la más hermosa joya que mis ojos han visto.

—Merecéis más que eso aún —repuso el Rey, mientras guardaba el collar de diamantes en el estuche. —Pero no os hacen falta diamantes, ni la situación de la Corona nos permite hacer erogaciones de tanta cuantía. Hay en el Reino mucha miseria y carencias que requieren de nuestra inmediata atención. Regresad tan hermosa pieza a Bohaemer y esperad a que las circunstancias cambien y entonces tal vez pensemos en ello.

María Antonieta no se atrevió a protestar. Por un lado era totalmente cierto que la situación económica de la Corona no les permitía hacer un gasto tan grande y por el otro, la seguridad y tono con que el Monarca lo expresó, no dejaban lugar a que se siguiera tratando el caso. Todos salieron y la joya quedó en poder de la Reina, quien pidió a Bohaemer que se la dejara por unos días.

Esa misma tarde, el Cardenal Bohaemer charlaba con el Rey. La Reina se había retirado a sus habitaciones pretextando un fuerte dolor de cabeza. Monseñor preguntó al Soberano si se trataba de algún malestar frecuente o si la Reina padecía alguna enfermedad, pero Luis XVI le hizo saber que todo se debía a que Bohaemer, el joyero Real, le había presentado una joya de muy alto valor, que él no pudo autorizar.

Pocos días después, María Antonieta, mandó llamar al joyero. Éste, cuando recibió la noticia, supuso que se trataba de acordar una venta a plazos para quedarse con su valioso tesoro. Pero no fue así. La Reina le regresó el collar en su estuche, ya que no pensaba que pudiera haber forma de obtener el consentimiento del Rey.

El joyero se sintió decepcionado. Su obra maestra era digna solamente de María Antonieta y no podía permitir que ninguna otra persona la poseyera; además no sería fácil encontrar compradores por el alto valor de la pieza. Estaba dispuesto a venderla en la mitad de su precio, con tal de sentir la satisfacción de ver su collar en el cuello de María Antonieta.

Buscando una última oportunidad pidió audiencia con el Rey, quien lo recibió afectuosamente.

Mostró el collar y le hizo saber que se lo acababa de regresar su Majestad María Antonieta y que él, por su cuenta, iba a proponerle la venta a plazos y en un precio mucho menor al costo. El Monarca le hizo saber que su punto de vista era invariable y que ante la situación de su pueblo que requería de grandes inversiones no podía darse el lujo de adquirir joyas de tan alto valor.

Cuando Bohaemer salía cabizbajo y decepcionado, se encontró con Juana de Valois, quien al ver la tristeza en el rostro del joyero supuso que ni con el Rey ni con la Reina había podido cerrar el trato y colocar el collar. Lo detuvo y le dijo que se presentara el día siguiente en la Casa del Cardenal Rohan, quien tenía vivo interés en conocer la joya y que tal vez por ese lado algo se podría conseguir.

Cuando el joyero real acudió a la cita, estaban con el Cardenal Juana de Valois y el Conde de Cagliostro. Bohaemer saludó cortésmente y besó el anillo de Monseñor y sin más preámbulos mostró el collar. El Cardenal lo tomó en sus manos y lo examinó detenidamente mientras Juana y Cagliostro observaban curiosos. Los tres llegaron a la conclusión de que era el collar de diamantes más hermoso y perfecto del mundo. El Conde, comentó:

—En cualquier país de Oriente, puede colocarse en un precio de medio millón de francos, pagados al contado.

El joyero se sorprendió al escuchar ésto, ya que la cantidad citada por Cagliostro era muy cercana al costo de materiales y mano de obra del collar. Comprendió que estaba frente a un verdadero experto.

Relató el joyero sus entrevistas con el Rey y con María Antonieta y la negativa para comprar la valiosa prenda. Les explicó en deseo personal de que tan amada propiedad quedase precisamente en Francia y ésto sólo era posible en el cuello de la esposa del Monarca.

El Cardenal expresó que desgraciadamente el mal ya estaba hecho y que Bohaemer había equivocado el procedimiento para hacer la presentación. Sin embargo, se le ocurría una idea que podría, tal vez, hacer que cambiara de opinión María Antonieta y se quedase con la alhaja.

El joyero mostró entonces una nueva cara de satisfacción y pidió a Monseñor que se quedara con el collar y que intentara nuevamente, a lo que él le quedaría profundamente agradecido. El Cardenal pidió a Cagliostro que redactara un recibo para firmarlo y entregarlo a Bohaemer. Pero éste se opuso terminantemente.

—¿Cómo podría yo dudar de Vuestra palabra, Monseñor? No es necesario que extendáis ningún recibo.

El robo del collar

Asesorado el Cardenal por Cagliostro y por Juana de Valois escribió a María Antonieta una carta en la que le pedía su autorización para adquirir el collar de Bohaemer, ya que no podía comprender cómo era posible que su augusta belleza no luciera tan fina prenda, diseñada y elaborada pensando precisamente en ella. Podría contratar el pago a plazos y ella se los daría cada que pudiese, mientras tanto él estaba dispuesto a responder ante el vendedor.

La carta sería entregada por Juana de Valois quien estaba siempre cerca de ella.

Sin embargo, al día siguiente hubo un casual encuentro del Cardenal con María Antonieta, y ésta se mostró muy indiferente ante Monseñor. Sin duda le había parecido un atrevimiento la proposición que le había hecho. Todo estaba perdido para él. Incluso podía perder el puesto de Gran Limosnero.

Así se los hizo saber a Cagliostro y a la Valois. Ésta, calmó los ánimos del Cardenal, diciéndole que no debería tomar en cuenta el suceso, ya que podrían haber muchas causas diferentes que pusieran en ese estado de ánimo a la esposa del Rey.

Y, en efecto, al siguiente encuentro en Palacio, María Antonieta se mostró mucho más efusiva y sonriente que de costumbre. Esto se logró porque Juana habló en privado con la soberana y le habló de todo lo que el Cardenal admiraba y respetaba a toda la familia Real.

Doña Juana de Valois, estaba en tratos con su esposo y con un falsificador de nombre Villette. Estaban urdiendo apoderarse del valioso tesoro elaborado por el Joyero Real. Villette falsificó hábilmente la firma de María Antonieta, y una respuesta afirmativa fue recibida por el Cardenal, con un gusto enorme. En la carta se le pedía que acudiera a determinada hora de la noche al bosquecillo al frente del pabellón de la reina, quien recibiría personalmente el collar.

De inmediato el entusiasmado Monseñor acudió ante Bohaemer y le mostró la misiva firmada por María Antonieta. Recogió el Collar y se preparó con sus mejores galas y su mejor capa para entrevistarse a solas con la esposa del Rey.

Escondido entre las sombras de la noche, aguardó a que los relojes dieran la hora, y cuando ésto ocurrió, dos figuras femeninas, ambas vestidas de blanco, bajaban por la amplia escalinata.

Las dos nobles damas se acercaron. El Cardenal tomó la mano de la Reina y la besó en señal de respeto, mientras le decía emocionado:

—¡Señora mía! Vuestra bondad al permitirme serviros no tiene límite.

A lo que ella contestó en voz débil, casi apagada:

—Es una imprudencia de mi parte aceptar esta entrevista. Confío en vuestra discreción.

—Contáis con ella para siempre. —Aseguró el Cardenal, mientras ponía en las manos delicadas y blancas el estuche con el collar.

En ese momento se escuchó un ruido, que obligó a las dos damas a regresar rápidamente a Palacio, mientras Rohan se escudriñaba entre los árboles para no ser visto.

Él, regresó a su casa feliz. Ya gozaba de la plena confianza de la Reina. Poco a poco se harían más frecuentes las entrevistas y su influencia en los destinos de Francia sería enorme.

Mientras tanto las dos damas, quienes eran nada menos que Juana de Valois y Nicolasa Oliva, disfrazada de

María Antonieta, aprovechando el enorme parecido físico que existía entre ambas desaparecieron en la noche.

El Cardenal Rohan citó en su domicilio al joyero real y le hizo saber que el collar de diamantes había sido entregado en su propia mano a María Antonieta la esposa del Rey de Francia. El joyero aceptó gustoso el trato, quedando convenido que el pago se haría en la siguiente forma: De inmediato cincuenta mil francos. El resto en cuatro partes según los documentos que elaboraron, fijando las fechas de pago de cada uno de ellos. El Cardenal firmó los pagarés y suplicó al joyero Real que guardase la más completa discreción, ya que estaba en juego el prestigio de la Familia Real.

Mientras tanto, Juana de Valois y sus secuaces, planeaban que su esposo y el falsificador salieran de inmediato a Londres para vender el collar y luego decidirían a qué lugar se irían a gozar de su fortuna. Pero antes, pensaron una estratagema que les permitiera tiempo para actuar antes de que estallara la bomba. La Valois sustrajo un prendedor de María Antonieta que le fue enviado al Cardenal con un mensaje que decía. "Recuerdo", y que aparentaba ser de la Reina.

El gozo de Rohan fue indescriptible. Por fin estaba en camino a una vida de poder y éxito. En toda ocasión buscaba la mirada de la Reina, como preguntándole algo. Ella lo notaba y le parecía extraño. No se explicaba lo que significaban aquellas insistentes miradas de Monseñor.

Se celebró una importante recepción de gala en la corte, a la que acudió María Antonieta con sus mejores galas; sin embargo, el Cardenal notó con tristeza que no llevaba en su cuello el collar de diamantes. Tuvo una oportunidad de acercarse a ella sin que hubiera quien escuchara y le dijo:

—Luciría mucho más vuestra real belleza con el collar de Bohaemer.

La Bastilla

Ella se limitó a encoger los hombros y a seguir su camino.

Días después, el joyero Real fue requerido para cambiar de montaje algunas joyas de María Antonieta. Cuando terminó el trabajo lo envió a Palacio con una misiva en la que le decía:

—Felicito a Vuestra Majestad por poseer los diamantes más finos y valiosos del mundo.

Extrañada, mandó que lo llamaran y cuando lo tuvo en su presencia le preguntó qué significaban aquellas palabras. Él le contó la historia completa relatada por el Cardenal Rohan, incluyendo la entrevista en el bosquecillo y que el collar había sido entregado por Monseñor en la propia mano de la Reina.

Fuera de sí, la confundida dama mandó llamar a su esposo el Rey, y pidió a Boahemer que repitiera todo el relato. Luis XVI escuchó sorprendido todos los detalles que narraba su joyero. Meditó unos minutos y pidió a éste que nada dijese aún del caso, pero que aclararía el asunto y encontraría a los culpables del robo.

El asunto fue encomendado al Ministro de Policía quien de inmediato mandó detener y encerrar en La Bastilla a Juana de Valois, a Nicolasa Oliva, y al Conde de Cagliostro.

A la mañana siguiente, Monseñor se preparaba para acudir a su diaria visita a Palacio, cuando recibió inesperadamente a la Condesa Feliziani, quien entre sollozos le hizo saber que el Conde de Cagliostro y Juana de Valois habían sido llevados a La Bastilla la noche anterior. El Cardenal se sorprendió ante tal noticia, pero fingió serenidad. Trató de calmar a la Condesa y le ofreció intervenir e informarle de inmediato lo que investigara.

Cuando se quedó solo, buscó las dos cartas que le había enviado María Antonieta y las guardó cuidadosamente entre sus ropas, por si se llegaran a necesitar. Salió de su casa y se encaminó al Palacio Real. Desde que llegó notó un ambiente de inquietud. Había guardias y policías apostados en todas las entradas. Penetró hasta el aposento real, donde era esperado por el Rey y su Esposa.

—Señor Cardenal: es para nosotros una sorpresa muy desagradable que a pesar de haberos otorgado toda nuestra confianza hayáis comprometido la honra de la Familia Real. —Fue el recibimiento que tuvo del Monarca.

—Dignáos explicaros, su Majestad.

—¿De quién recibísteis autorización para intervenir en el asunto del Collar de Bohaemer?

—Os ruego perdonadme, mi Señor; pero no puedo decíroslo, su Majestad.

—Pues yo os ordeno que lo digáis. Os lo exijo inmediatamente.

El Cardenal, sorprendido al ver que María Antonieta no entraba a aclarar la situación, se vio obligado a obedecer la Real orden que acababa de recibir, y sacando las cartas las ofreció al Monarca.

—Leed estas dos cartas y os enteraréis de todo. De no haber sido por la orden que me dais, yo hubiera muerto antes que confiar este secreto.

El Rey tomó los papeles, los leyó, los dejó sobre una mesa y agregó:

—Estos papeles no fueron escritos por la Reina, esa no es su letra. Se necesita demasiada torpeza para caer en una burda trampa como la que os han tendido. Ahí firma Maria Antonieta, y todo mundo sabe que ella se firma como María Antonieta de Francia.

Rohan, intervino:

—Su Majestad: ¿por qué no preguntáis vos mismo a la Reina en dónde recibió de mis manos el collar?

Ante tan inesperada acusación la Reina se paró enfurecida y se disponía a contestar, pero su esposo la tomó de un brazo suavemente y le indicó que esperara y dirigiéndose al Cardenal le espetó:

—Vuestra eminencia es quien debe decirlo y lo diréis en el Parlamento de Justicia.

El juicio

Cuando se supo la noticia de que el Cardenal de Rohan estaba detenido por el problema del collar, se presentaron muchas nutridas manifestaciones de apoyo a Monseñor y en contra de los monarcas. Para no fomentar el escándalo, el Cardenal celebraba la misa en su claustro, sin ir a la capilla en donde sería objeto de muestras de admiración.

Al rendir su declaración, expresó que su deseo de participar en la adquisición del collar era simplemente por complacer los deseos de María Antonieta de Francia. Relató la entrevista en la que entregó el collar, pero sin mencionar la hora ni el lugar, dando a entender que había sido una cita en condiciones normales. Respecto al Conde de Cagliostro, dejó perfectamente claro que nada había tenido que ver en el caso del collar, y que por el contrario se trataba de una persona muy valiosa que le había servido desinteresadamente en muchas ocasiones.

Cagliostro, al ser declarado inocente, trató de aprovechar la ocasión para hacerse publicidad y mandó imprimir a sus defensores un lujoso folleto con su fotografía, una biografía muy especial, y los detalles de su demostración de inocencia. El escrito se difundió profusamente entre los Masones.

Juana de Valois trató por todos los medios a su alcance de arrastrar al Conde Alejandro por permanecer en París después del escándalo del collar, haciendo una serie de declaraciones falsas. Hubo la necesidad de llamar a Cagliostro a un careo con su acusadora. La peor parte fue para la Valois, quien quedó en completo ridículo ante la serenidad de su acusado, quien con toda facilidad deshacía cada uno de los puntos que se le imputaban. Llegó al grado de que la indignada mujer, sin dar tiempo a que lo evitaran, tomó un candelabro de la mesa y lo arrojó a la cabeza del Conde.

En cuanto a Nicolasa Oliva, al ser detenida confesó todo lo que sabía, incluyendo la suplantación que hizo de la Reina, cuando la entrega del collar.

Dio principio el proceso, con el interés y la observación del pueblo que acudía a las audiencias en gran número. Monseñor se presentaba vestido con la ropa de gala y luto de su rango cardenalicio. El Conde de Cagliostro estaba en su puesto con toda seriedad y solemnidad.

La sentencia se dictó: Monseñor de Rohan, quedó en completa libertad. Juana de Valois y su esposo, el falsificador Villette, Nicolasa Oliva y el judío Matathías, serían condenados a cadena perpetua. El Conde de Cagliostro, quedaba en libertad, pero desterrado del Reino.

La toma de la Bastilla, hecho anunciado proféticamente por el Conde de Cagliostro.

No habiendo más remedio, el matrimonio Cagliostro recogió sus pertenencias y partieron a Londres. Sintiendo resentimiento por la humillación de que fue objeto, el Conde escribió una acusación contra los directores de la prisión de La Bastilla, por haberle sustraído joyas, dinero, ropas y muchos otros valiosos objetos, mismos que no le fueron regresados cuando lo dejaron en libertad. El escrito fue enviado, pero la demanda no prosperó. Más que por necesidad económica lo había hecho para vengarse. Su caudal en ese momento era muy considerable.

Después escribió su famosa "CARTA AL PUEBLO FRANCÉS", en la que desenmascaraba una gran cantidad de hechos negativos de la familia Real francesa, y vaticinaba una revolución ya muy próxima en la que la nobleza y la aristocracia caería definitivamente para dar paso a un gobierno más justo. Profetizaba que La Bastilla sería destruida. Se imprimieron cuatro ediciones de cincuenta mil ejemplares cada una, y se repartieron por todos los medios a las Logias y Grandes Logias del continente europeo.

Gerónimo Morand, Director del periódico *El Correo de Europa,* que se publicaba en la capital inglesa, era un enemigo acérrimo del Conde de Cagliostro. Contaba con una amplia red de corresponsales a quienes les encomendó muy especialmente investigar todo lo que se pudiera sobre la vida y los hechos de Alejandro Conde de Cagliostro. Publicó una serie de notas comentando la participación de nuestro personaje en el juicio del robo del collar.

Cagliostro había contado a alguien que en Medina, para combatir a las fieras que asolaban a los rebaños, alimentaban a los cerdos con arsénico y luego los soltaban para que fueran devorados por los depredadores. Sobre esto, que llegó a los oídos de Morand, escribió una nota con el título: "Los Cerdos de Medina", en el que se burlaba de Acharat, que era el mismo Conde de Cagliostro.

Como respuesta Alejandro mandó imprimir un cartel en el que desafiaba al periodista a comer delante del pueblo, que serviría de testigo, un lechón que hubiera sido alimentado con arsénico. Concluía que Morand caería muerto, mientras que él quedaría ileso.

Como es de suponerse el editor no aceptó el reto y se burló de él en su publicación, comentando el *duelo a lechón envenenado* y *la esgrima del tenedor y el cuchillo.* Siguió a eso la recaudación de más y más informes de sus informantes y continuó publicando y desenmascarando a Cagliostro, narrando episodios de su vida en todos los rumbos de Europa.

Para defenderse, el Conde escribió una "CARTA AL PUEBLO INGLÉS" en la que trataba de contradecir a su encarnizado opositor. Sin embargo, el resultado fue que su prestigio seguía deteriorándose. Las ayudas de las Logias Masónicas se le fueron retirando. Debido al lujoso tren de vida que llevaban él y su esposa, el caudal se fue agotando. Contrajo deudas que se incrementaban a cada día.

El periodista conocía la lista completa de los acreedores y las cantidades que a cada uno de ellos adeudaba, había el peligro de que la publicara en cualquier momento y que en masa se presentaran todos a cobrar, por lo que se vio obligado a abandonar el lugar.

Apresuradamente salieron con rumbo a Bienn, luego a Basilea, después a Aix y más tarde a Turín. En esta ciudad se presentó la policía al hotel en que se hospedaba y recibió una orden de destierro con destino forzoso a donde declarara que iba y a donde se le extenderían los pasaportes. Pidió se le enviara a Rovoredo.

Allí se instaló para ejercer como médico. Pronto se ganó buena fama y el reconocimiento de la población.

Entre sus numerosos pacientes llegó uno que había sido tratado inútilmente por sus médicos, de cálculos renales. Al entrar al consultorio le pidió emocionado que lo salva-

Luis XVI y su familia reciben la noticia de que ha estallado la Revolución francesa.

ra. El médico le contestó que a pesar de ser viejo lo salvaría; que regresara al día siguiente acompañado del último médico que lo había tratado y que él le daría la medicina. Al siguiente día paciente y médico acudieron y Cagliostro extendió una receta, explicando al médico cómo debían administrarla. El paciente se curó ante la sorpresa de todos los médicos.

Recetaba a numerosos enfermos que no contaban con medios para pagar los honorarios, pero se les trataba con el mismo cuidado y esmero que a los demás. Con demasiada frecuencia les obsequiaba además la medicina y alimentos o dinero.

Una mujer con cáncer mamario, a quien habían dicho varios médicos que sólo una operación podría salvarla y que aún con la cirugía era dudoso que sobreviviera, fue presentada al doctor Cagliostro. Éste declaró que no mutilaba a ningún enfermo ni recurría a la cirugía. Preparó un emplasto, y dio instrucciones a la mujer para que se lo aplicara con una servilleta. La mujer respondió entristecida que no tenía dinero ni para una servilleta, a lo que la Feliciani que estaba presente entró a su casa, sacó una tela nueva y la entregó a la pobre mujer. La enferma lo agradeció y preguntó cuándo tendría que regresar, a lo que el médico le dijo que debería revisarla cada dos o tres días. La mujer era de una lejana población y no contaba con medios para subsistir en ese lugar, ni podría estar viajando. El Conde envió al dueño del hotel más cercano una carta en la que pedía que se atendiera a la buena mujer, que se le dieran hospedaje y alimentos y que le pasaran a él la cuenta.

Ante la fama tan grande que despertaban las maravillosas curaciones, la furia de los médicos que veían una competencia contra la que nada podían hacer, les hizo protestar enérgicamente y reclamar a Cagliostro. Éste les indicó que él no llamaba a nadie ni le ofrecía sus servicios. Que todos acudían a él porque alguien los recomendaba o los llevaba, que él no cobraba honorarios a nadie y que en un alto porcentaje de los casos les dotaba de alimentos o medios para subsistir.

Desde ese día recibió sólo pacientes que vinieran de otras poblaciones, para calmar los ánimos de sus colegas.

Sin embargo, llegó una orden de Su Majestad Imperial José II, en la que ordenaba a las autoridades de Rovoredo que el Conde de Cagliostro y su esposa fueran expulsados del país.

Tuvieron que salir con rumbo a Trento, en donde él pensaba fundar una Logia del Rito Egipcio, haciéndose propaganda con sesiones adivinatorias. Aún no terminaban los preparativos, cuando las autoridades de Trento recibieron una carta de José II, en la que expresaba su extrañeza por permitir que viviera en ese lugar un hombre que había sido desterrado. Cuando se lo notificaron, trató de defenderse argumentando que había sido víctima de calumnias y se le concedió un cierto tiempo de espera.

Lorenza, agotada por tantas mudanzas y tantos vaivenes económicos había caído enferma y su piel se pintó de amarillo. Sólo hablaba de su familia, de regresar con sus padres. Él, comprendió que tenía razón y le ofreció que ambos regresaran a Roma y que cambiarían totalmente su género de vida, para dedicarse al reposo, a la tranquilidad.

Cagliostro se enteró que el Obispo-Príncipe de Trento disfrutaba de una concesión especial de la Sede Apostólica para levantar la excomunión a los Masones, de acuerdo a la Bula de Clemente XII. Solicitó ser escuchado en confesión por el Obispo y fue recibido, absuelto y acogido nuevamente en el seno de la Iglesia. Contó a su confesor sus planes de acudir, junto con su esposa, al lado de los padres de ella, para vivir una vida tranquila, y el Obispo le otorgó recomendaciones para Roma y le costeó el viaje.

La Santa Inquisición

Con Lorenza Feliciani un poco mejor de salud, Giuseppe arribó a Roma en Mayo de 1789. Buscaron alojamiento temporal en la Plaza de España, en el mismo lugar en que antes habitaron junto con Agliata y Nicastro.

Ella quiso ir de inmediato a visitar a sus padres. La recibieron muy efusivamente; le preguntaban qué había sido de su vida y cuáles eran sus planes futuros. Siempre la habían considerado una buena hija, ya que ella nunca los olvidó y frecuentemente les había estado enviando buenas cantidades de dinero.

Localizaron una vieja caserona en la plaza Farnese y se instalaron en ella. Giuseppe recibía muchos visitantes romanos y extranjeros, casi todos los días. Trabajaban a solas en la elaboración de comunicaciones a todas las Logias Masónicas, anunciándoles la visita del Representante del Rito Egipcio.

Al mismo tiempo abrió su consultorio, pretendiendo recuperar un poco su situación económica que estaba en una de sus malas etapas. Las joyas valiosas que les quedaban ya las había vendido o empeñado. Sin embargo, no le fue fácil hacerlo ya que se le vigilaba muy de cerca.

Escribió entonces un extenso documento en el que solicitaba a las autoridades inglesas permiso para regresar a Londres y establecerse como médico. El texto era vehemente y fogoso y abundaba en elogios por ese gran país al que deseaba visitar para quedarse definitivamente. Envió el mensaje y repartió copias entre todos los conocidos y hermanos Masones.

El 27 de Diciembre de 1798, la Inquisición penetró en el hogar del matrimonio, y detuvo a ambos, haciendo una requisa de todas sus pertenencias. Lorenza Feliciani fue conducida a la Cárcel del Santo Oficio, mientras que Giuseppe era enviado a la fortaleza de Sant'Angelo, por considerarlo más peligroso.

Los guardias de la Inquisición, registraron minuciosamente todos y cada uno de los papeles, documentos, identificaciones, atuendos masónicos, sellos, joyas, ropas, etc., etc. Con esos elementos pudieron reconstruir muchas de las etapas de la vida de Balsamo.

Lorenza, sufrió una recaída por la pena tan grande de verse prisionera ante el Santo Oficio. Padecía fiebres muy altas. Se hizo necesario que acudieran los médicos a examinarla y ordenaron que se le diera un tratamiento especial que requería de paseos por un soleado jardín y buenos alimentos. La cambiaron a un lugar más confortable y le atendieron con consideración y afecto.

Llegaron a Giuseppe las noticias del estado de su esposa y del magnífico trato que estaba recibiendo y pidió papel y pluma para escribir, lo que se le concedió y envió una petición al Gobernador de la fortaleza, solicitando que se le diera un lugar con más luz y más ventilado; que se le permitiera tener algunos libros y ropas de las que le habían recogido en su casa.

El Santo Oficio no permitió el cambio, pero sí autorizó que se le diera algo de su ropa personal, algunos libros y papel y plumas para que escribiera.

Pocos días después pidió que se le permitiera a su esposa permanecer a su lado, argumentando que *"lo que une Dios, no lo separe el hombre"*.

El tribunal de la Inquisición, lejos de otorgarle lo que pedía, le hizo saber en un breve y lacónico escrito, que no estaba en un hotel de recreo y que no tenía derecho a estar haciendo tal cantidad de peticiones.

Se calmó un tiempo, pero desesperado, buscando la forma de librarse de la prisión, envió un nuevo documento en el que pedía se le diera oportunidad de demostrar sus facultades de adivinación, de magnetismo, de medicina, ya que esos servicios eran los que ofrecía la Masonería Egipcia y que eso no estaba para nada en contra de la religión.

Llevaba cerca de un año en la prisión, cuando el Santo Oficio consideró que ya había reunido las pruebas suficientes y terminado las investigaciones, por lo que el juicio se efectuaría. Giuseppe, nombró como su defensor al eminente y afamado abogado Conde Cayetano Bernardini, reconocido maestro y que entre muchos otros contaba con el cargo de Defensor de Oficio de la Santa Inquisición.

En la primer visita que el defensor hizo al detenido, explicó a éste, que siendo el caso tan complejo y tan delicado, era necesario que a la defensa se uniera también el abogado Monseñor Carlos Luis Constantini, quien era un hombre filantrópico y dispuesto a auxiliar a los que no tenían fondos para pagar un abogado. Giuseppe aceptó de inmediato la condición de Bernardini.

Ambos defensores recogieron el expediente completo, lo estudiaron, lo condensaron, redactaron los cargos que resultaban y las posibles consecuencias de cada uno de ellos. Lo presentaron a Giuseppe y se lo dejaron para que lo estudiara unos días.

Balsamo, considerándose aún capaz de muchos prodigios, redactó él mismo lo que consideraba era su mejor defensa y sus mejores argumentos para deshacer las acusaciones. Cuando regresaron los abogados les mostró sus conclusiones. Leyeron los puntos de defensa del reo y Bernardini, quitándose las gafas, expresó:

—Señor Balsamo. Estáis en un profundo error. La cantidad abrumadora de pruebas en vuestra contra; los numerosos testigos que han declarado y han confirmado muchas de las sospechas del Santo Oficio, no dan oportunidad para estos vanales argumentos que sólo os pondrían en ridículo. No hay mucho donde escoger

—Como Gran Copto de la Masonería Egipcia, y si aún conserváis la convicción de que es lo más adecuado. Os invito a aceptar la culpa y morir dignamente. Si por el contrario pensáis como católico y estáis verdaderamente arrepentido de vuestras acciones, aceptad vuestra culpa, mostrad vuestro arrepentimiento y solicitad clemencia a Su Santidad.

Giuseppe siguió el segundo consejo y solicitó clemencia al Papa, después de reconocerse culpable y mostrar su firme arrepentimiento.

Lorenza Feliciani, después de recibir los sacramentos y la bendición, falleció. Giuseppe fue enterado del suceso en su prisión, y por más esfuerzos que hizo, no se le permitió despedir al cuerpo de su amada esposa.

La Santa Inquisición rindió su fallo el 7 de Abril de 1791:

> Vista por Nos la causa seguida por el Santo Tribunal de la Fe contra Giuseppe Balsamo y Braconieri, natural de Palermo en Sicilia, reo confeso y respectivamente convicto de varios delitos, incurso en las censuras y penas, publicadas todas contra los herejes formales, dogmatizantes, heresiarcas, maestros y secuaces de la magia supersticiosa, como también en los anatemas y castigos establecidos en las sagradas constituciones Apostólicas de Clemente XII y de Benedicto XIV, ilustres predecesores nuestros, contra aquellos que en cualquier modo y forma favorezcan y osen promover la sociedad y conventículos de los francmasones, cuanto en el edicto de la Secretaría de Estado, contra aquellos que de cualquier secta dellos se hallaren trabajando en su mala obra en lugar y dominio de la Romana Iglesia Usando Nos de especial gracia, y queriendo más que la muerte del

público pecador que se arrepienta y viva, venimos a relevarle de la pena de relajación al brazo secular, y a conmutarla en cárcel perpetua en fortaleza segura, donde esté estrechamente custodiado, sin opción futura a gracia de su condena; y habiendo hecho el sentenciado la abjuración, como hereje formal, en el lugar de su arresto, se le otorga absolución de las canónicas censuras, imponiéndosele las penitencias saludables que sus directores determinen.

Por el año de 1795, acudió a visitar al condenado un viejo médico. Después de solicitar insistentemente el permiso, se le otorgó. Se trataba de un Masón que había recibido favores de Giuseppe. Se enteró de todo lo ocurrido y entregó un frasco con un medicamento para que el preso lo tomara en la fecha y hora acordadas. Se despidió y pidió que se registrara su nombre y dirección, ya que desde ese momento se convertía en el médico personal de Balsamo, pidiendo que se le avisara de cualquier cosa que ocurriera.

A los pocos días, el carcelero encontró a Giuseppe tirado en el suelo. Llamó a los guardias y éstos comprobaron que Giuseppe Balsamo había fallecido. Encontraron el nombre de quien había pedido se le informara de cualquier suceso y de inmediato se presentó a recoger el cadáver.

Los restos mortales de Balsamo fueron trasladados al domicilio particular de su médico y hermano Masón. Fue colocado sobre una mesa y quedó a solas con su único doliente. En cuanto estuvo solo, sacó un frasco y puso unas cuantas gotas entre los labios del cadáver, y a los pocos minutos abrió los ojos. Recibió otro medicamento en cucharadas y en menos de media hora, estaba gozando de cabal salud.

Existen datos que revelan que en 1797 el Gran Copto del Rito Egipcio estaba visitando algunas Logias alemanas en calidad de incógnito. En 1798, El Conde de Cagliostro se despidió de sus Hermanos Masones y se dirigió a Egipto en donde pasaría el resto de sus días.

La otra biografía

Mi nombre de pila fue Acharat. Nací en Medina. Viví en el palacio de Musti Salhaim, en donde era atendido a cuerpo de rey, servido eficientemente por tres eunucos destinados exclusivamente a mi servicio y cuidado amorosamente por el sabio y venerable Althotas. Con frecuencia recibía la grata visita de Salhaim, quien tenía para mí grandes consideraciones.

Althotas era el encargado de mi instrucción y mi educación. De él aprendí la religión cristiana. Fue él quien me informó que mi verdadero nombre era Alejandro y que mis padres eran católicos y su jerarquía era muy alta.

Althotas era una verdadera eminencia en ciencias físicas y naturales. Me enseñó botánica y química. Pasaba la mayor parte del tiempo a mi lado, trabajando intensamente en una valiosa y completísima colección de plantas y haciendo interesantes experimentos en un enorme laboratorio ricamente equipado. De todos sus logros me informaba y me explicaba.

Alejandro Dumas, quien dedicó dos grandes novelas a la vida de Giuseppe Balsamo: *Memorias de un médico* y *El collar de la reina*.

A los doce años de edad, y gracias a las grandes cualidades de maestro y a los profundos conocimientos de Althotas, yo dominaba las lenguas orientales, que me permitían conocer las grandes obras de la India, de Egipto, de Persia, de Arabia. Conocía también algunos dialectos del árabe.

Mi maestro Althotas, consideró conveniente que yo viajase a su lado a la ciudad santa de la Meca, para continuar con mi preparación. Salhaim dispuso todo lo necesario para nuestro viaje y nos despidió tristemente, deseándonos la buenaventura.

En la Meca, llegamos al palacio del Sheriff Alí-ben-Heroam. Althotas me presentó ante él y le explicó mi situación, mi linaje, los estudios realizados y el motivo del viaje. Alí-ben-Heroam me estrechó en sus brazos y me mostró un profundo afecto. Fuimos hospedados en su mismo palacio, y desde esa noche ocupé un lujoso aposento.

Mi cama estaba cubierta por una fina y suave piel de tigre. La habitación estaba lujosamente adornada con finísimas joyas, tapices y armas con empuñaduras de plata. Para que me sirviera y me custodiara nombraron a un corpulento etíope llamado Heloim.

Llamaron al más selecto grupo de maestros de la ciudad para que me instruyeran, cada uno en su especialidad. De ellos aprendí la historia completa de la raza de Israel; las matemáticas más avanzadas; la influencia de los astros en la vida humana; los poderes de las plantas medicinales. Lo último en cada una de las ramas del conocimiento me fue entregado con amor, paciencia, comprensión.

Doce años después de nuestro arribo al palacio del Sheriff, Althotas consideró terminada mi preparación en ese lugar y dispuso que viajáramos a Egipto, que tenía nuevos y grandes secretos para mí. Fuimos colmados de regalos y bendiciones por Alí-ben-Heroam, quien nos obsequió que el fiel Heloim viajara con nosotros, y siguiera a mi servicio en forma permanente.

Los tres dejamos la Meca, nos unimos a una caravana que se dirigía a Egipto. Allí me enseñaron medicina, quiromancia, artes, astrología, industrias. Visité los templos en los que se encuentran jeroglíficos que contienen mediante símbolos las más prodigiosas enseñanzas secretas. Los viejos ministros me hicieron partícipe de sus profundos conocimientos en la interpretación de los mensajes ocultos, con gran paciencia y amor.

Los más afamados doctores, conspicuos derviches, extraños fakires, nobles y añejos santones, saltimbanquis, comerciantes, se convirtieron en mis maestros y de ellos adquirí el más profundo conocimiento de los misterios y prodigios de esa tierra.

De allí pasamos a Marruecos, Argel, Túnez y Trípoli. En todas partes el recibimiento que nos hacían era afectuoso y cordial. Nuevos y profundos conocimientos me eran ofrecidos. Tuvimos la desgracia de perder a nuestro compañero Heloim, quien falleció de una fiebre pútrida.

Pasamos a Rodas. Althotas envió unos pliegos a Malta pidiendo fondos para seguir con su encomiendo de instruirme. En pocos días recibió como respuesta unas letras de cambio que de inmediato hizo efectivas y sin esperar más nos pusimos en camino a Malta.

Nos presentamos en el palacio del Gran Maestre de la Orden de San Juan. Tuve que permanecer en una gran sala, mientras mi mentor fue conducido ante el Gran Maestre. Después de una media hora, Althotas, investido con los atavíos y joyas de Sacerdote de la religión de San Juan de Rodas, se presentó ante mí y solemnemente me informó que había terminado su misión de servirme de padre, de guía, de maestro.

Agradecí muy sinceramente la valiosa compañía de tan extraordinario maestro y tan buen padre, que eso fue parra mí. Althotas viajó a Roma.

La tutela fue consignada a Aquino, perteneciente a la familia de Caramánica. Me condujo a la cámara del poderoso Pinto, quien era el Superior de la Sagrada Milicia. Pinto me recibió tan amablemente como mis anteriores anfitriones. Mostró gran interés por mi carrera bajo la supervisión y coordinación de Althotas.

Gocé de los más altos privilegios en mi estancia en ese palacio: se me asignó el puesto principal a la derecha del Gran Maestre en todos los banquetes y ceremonias, y por parte de todos los que visitaban el palacio, recibía un trato como si yo fuera un hijo de Pinto.

Dos meses después de su partida, Althotas, a quien mucho había extrañado, regresó y me informó del objetivo de su viaje, que se había logrado satisfactoriamente. Me entregó un pergamino que me reconocía como Alejandro, Conde de Cagliostro.

Pocos meses después, Althotas enfermó de pulmonía. Su estado se fue agravando poco a poco y por fin murió, dejando en mi alma una profunda tristeza. El que hubiera dado una buena parte de su vida por atenderme, cuidarme y trasmitirme todos sus conocimientos, era mucho más que un verdadero padre. Toda la vida conservaré este profundo sentimiento de gratitud a quien debo todo lo que tengo y lo que soy.

La adivinación

La adivinación, según el Conde de Cagliostro, era posible principalmente en el agua. Su observación minuciosa nos permite desentrañar una serie de secretos que guarda para el que sepa descifrarlos.

Para consultar el agua, podrían servir todas las posibilidades, es decir, en todas las formas en que el agua se presenta en la naturaleza: ya sea en el mar, en los lagos y en los ríos, en las cascadas, en los veneros.

En la antigüedad se usó mucho el valerse de un pozo de agua para hacer la observación y el desciframiento del agua. Luego se sustituyó por la vasija de barro, que era más accesible y fácil de conseguir. Cuando existieron vasos de vidrio o de cristal, se ganó muchísimo. Una de las principales señales que debemos observar son los reflejos y en el cristal éstos se presentan en forma clara, brillante, magnífica.

Todos los seres humanos poseen ciertas facultades adivinatorias a través del agua o de tantos otros elementos que para tal fin ha venido usando la humanidad. Unos métodos son más accesibles a unas personas, en cambio otros se dificultan. Incluso en cada tipo de elemento adivinatorio, las capacidades individuales varían enormemente dando una gran gama de posibilidades.

Según sus experiencias uno de los métodos que más eficientemente puede lograr un mayor número de aspirantes es el de la bola de cristal o la bola de vidrio. Ambos elementos reúnen características muy favorables a los fines que persigue el adivinador.

La esfera, que puede ser totalmente esférica u ovoide, debe ser sostenida por un soporte, principalmente de madera. El color que rinde mejores resultados es el transparente; pero podemos utilizar verde, amarillo, violeta, azul o blanco. El vidente debe colocarse a una distancia de aproximadamente treinta o cuarenta centímetros. Se requiere de una iluminación moderada sin que rayos directos incidan en la esfera.

El observador debe sentarse cómodamente, en una postura adecuada y sin que tenga ningún aspecto físico que le moleste o le cause entumecimiento. Su mente debe estar en blanco, libre de prejuicios y preocupaciones. Debe contar con todo el tiempo necesario para que se den los efectos. Si actúa con prisas o precipitaciones, difícilmente podrá distinguir los reflejos, movimientos o sombras que simbolicen aquéllo que quiere conocer. Convendrán siempre unos momentos de meditación previa y cubrir la cabeza con un turbante o un tocado, de preferencia negro o de color oscuro.

El lugar debe estar tranquilo y en silencio. Si alguien permanece en la habitación debe conservar la calma, el silencio y la quietud que el acto requiere.

En casos en que se carezca de una esfera podemos servirnos de un simple vaso con agua.

Lo que podemos observar es:

1. Visiones de hechos imaginarios. Es decir, algo no existente, una simple imaginación o ilusión.
2. Recuerdos de hechos que sí ocurrieron pero estaban ya olvidados.
3. Acontecimientos pasados que sí ocurrieron pero nos eran desconocidos.
4. Acontecimientos actuales desconocidos.
5. Acontecimientos futuros.

Existen algunas reglas básicas que deben tomarse en cuenta:

Ascendente. Todo lo que asciende es benéfico o positivo.

Descendente. Todo lo que baja es negativo, nefasto.

Lateralidad. Todo lo que se mueve a la izquierda pertenece a la esfera mental o espiritual. En cambio, lo que se desplaza a la derecha corresponde al mundo material, físico.

Colores. Lo negro es negativo. Lo blanco es positivo. Los colores pálidos tienden hacia lo bueno y los oscuros a lo negativo. Verde y azul son positivos. El amarillo presagia problemas y contratiempos. Rojo es violencia y sangre.

Formas. Las formas que aparecen, deberán ser plenamente conocidas por el vidente en cuanto a su significado.

Abeja.	Beneficio, trabajo productivo.
Aguja.	Peleas o dificultades.
Ala.	Se recibirá ayuda y protección.
Alcachofa.	Tardanza, retraso.
Alcancía.	Ahorros. Economía.
Altar.	Sacrificio.
Ancla.	Queda un solo camino, una sola opción.
Ángel.	Protección.
Animal.	Disgusto.
Anteojos.	Debilidad espiritual. Poco entendimiento.
Anzuelo.	Podrá caer en una trampa que le han tendido.
Araña.	Disgusto.
Árbol.	Fuerza, solidez, superación.
Arco.	Emboscada o peligro que le acecha.
Argolla.	Casamiento.
Armadura.	Protección.
Arpa.	Seducción.

Avestruz.	Miedo infantil. Orgullo.
Baile.	Peligro.
Balanza.	Necesidad de justificarse.
Barba.	Veneración, respeto, sabiduría, experiencia.
Barco.	Herencia por recibir.
Barriles.	Servidumbre.
Barrotes.	Prisión. Impedimentos.
Bastón.	Incapacidad física.
Boca.	Mentiras.
Bota.	Buenas nuevas.
Buey.	Beneficios por el trabajo. Buenas cosechas.
Burro.	Miseria, penalidades y trabajos por ignorancia.
Caballo.	Ingratitud.
Cabello.	Enemigos peligrosos.
Campana.	Quieta: Buenas nuevas. Agitada: Peligro
Carreta.	Viaje de negocios con buenos augurios.
Carroza.	Riqueza.
Casa.	Nueva: buen augurio. En ruinas: malas nuevas.
Cerdo.	Riquezas.
Cigarro.	Prosperidad futura.
Cigüeña.	Nacimiento. Regreso al pasado.
Círculo.	Dinero, niños. Si está roto: incertidumbre.
Cocodrilo.	Pereza.
Copa.	Honores. Reconocimientos.
Corona.	Éxito, poder. Con una cruz: muerte de un familiar.
Cruz.	Penas, dolores.
Cuadrado.	Protección.
Cuchillo.	Violencia.
Dedo.	Andarse con cuidado.
Delfín.	Regalo, ofrenda.

Diablo.	Peligro grande. Desconfiar de quien se represente junto al diablo en la imagen.
Diente.	Alguien no nos quiere.
Dragón.	Fortuna. Si tiene alas, mayor fortuna.
Elefante.	Trompa hacia arriba: Fortuna. Hacia abajo: ayuda.
Escalera.	Superación, ascensos.
Escoba.	Rechazo.
Estandarte.	Victoria.
Estrella.	Buena suerte.
Figurín.	Peligro de ser asesinado.
Flechas	Nuevas relaciones.
Flor.	Alegría, fiestas.
Flores.	Felicidad completa.
Fuente.	Amor.
Galería.	Vida larga.
Gato.	Traición. Maldad.
Golondrina.	Regreso de un ser amado.
Guillotina.	Muerte.
Guirnalda.	Fiestas.
Guitarra.	Soledad.
Hacha.	Accidente brutal.
Hélice.	Posibilidades.
Hormiga.	Economía. Trabajo.
Iceberg.	Cuidado. Ir con cautela.
Iglesia.	Recogimiento.
Incienso.	Alabanzas, elogios.
Jamón.	Presiones fuertes.
Jinete.	Viaje de placer.
Jirafa.	Autoridad. Dominación.
Jorobado.	Alegría para el hombre, calamidades para la mujer.
Langostino.	Problemas económicos.
León.	Fuerza, coraje. Dominación.
Libro.	Instrucción.
Linterna.	Buena suerte.

Mano.	Ayuda, trabajo.
Manzana.	Falta de escrúpulos.
Monstruo.	Mal momento.
Mosaico.	Variedad.
Mosca.	Problemas intrascendentes.
Nudo.	Asociación.
Ojos.	Se acerca la justicia.
Oreja.	Indiscreción.
Oso.	Acontecimientos groseros.
Pala.	Pérdida del empleo.
Paraguas.	Protección.
Pato.	Engaño.
Pavo.	Acto del que se tendrá que arrepentir.
Peine.	Falta de higiene. Desaseo.
Pie.	Sexo. Cobardía.
Pierna.	Inmoralidad, falta de modestia.
Pinzas.	Contratiempos, contrariedades.
Pirámide.	Completa realización de los deseos.
Pluma.	Vuelo.
Puente.	Carencia de escrúpulos.
Pulpo.	Le exigirán mucho.
Rata.	Ruina. Naufragio.
Ratones.	Parásitos.
Rectángulo.	Retraso.
Reloj.	Tener paciencia. Esperar.
Sanguijuela.	Van a exigirle demasiado.
Sapo.	Sacrificio, entrega.
Serpiente.	Traición.
Sierra.	Contrariedades.
Sofá.	Placeres.
Sol.	Salud, felicidad.
Sombrero.	Buena posición social.
Tambor.	Indiscreción.
Tienda.	Hospitalidad. Solución temporal.
Tijeras.	Rompimiento. Invalidez.
Techo.	Protección.

Topo.	Relaciones oscuras.
Toro.	Fuerza, vigor. Éxito.
Torre.	Guerra.
Trébol.	Ganancias inesperadas.
Triángulo.	Realización de los deseos.
Trompeta.	Noticias.
Vaca.	Persona materialista.
Vaso.	Espera amorosa.
Ventana.	Robo.
Volcán.	Escándalo.
Yunque.	Proyectos.

Ilustraciones de las Formas Percibidas por el Vidente

Ancla

Ángel

Animal

Anteojos

Anzuelo

Araña

Árbol
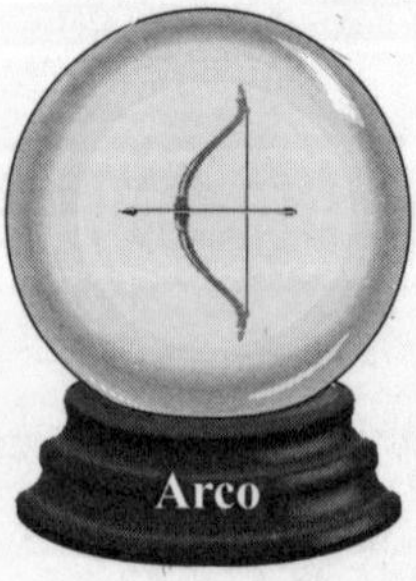
Arco

Argolla

Armadura

Arpa

Avestruz

Baile

Balanza

Barba

Barco

Barriles

Barrotes

Bastón

Boca

Bota

Buey

Burro

Caballo

Cabello

Campana

Carreta

Carroza

Casa

Cerdo

Cigarro

Cigüeña

Círculo

Cocodrilo

Copa

Corona

Cruz
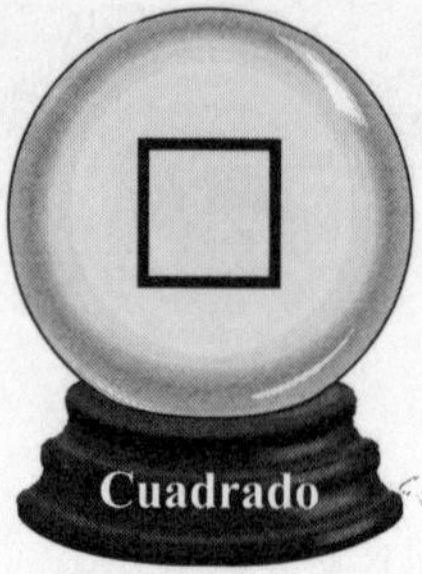
Cuadrado
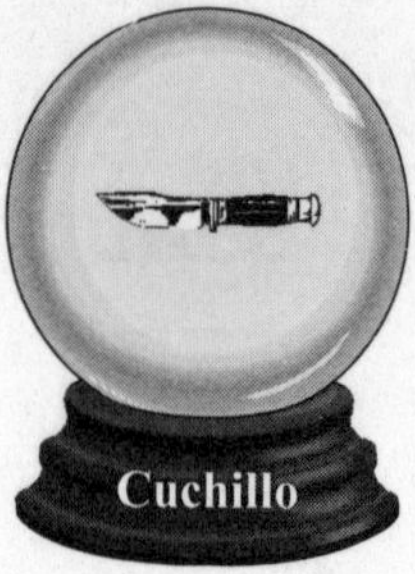
Cuchillo

Dedo

Delfín

Diablo
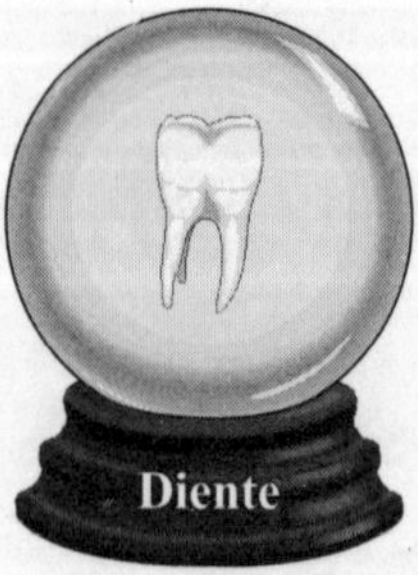
Diente

Dragón

Elefante

Escalera

Escoba

Estandarte

Estrella

Figurín

Flechas

Flor

Flores

Fuente

Galería

Gato

Golondrina

Guillotina

Guirnalda

Guitarra

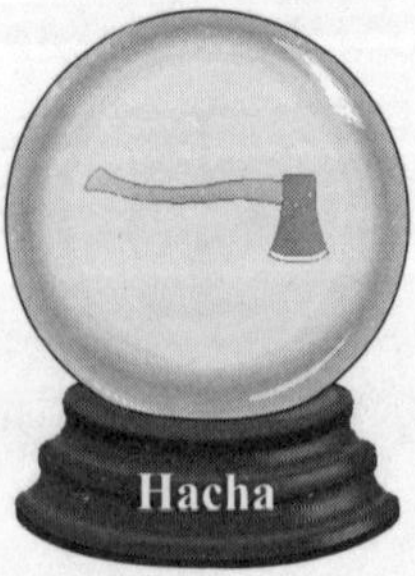
Hacha

Hélice

Hormiga

Iceberg

Iglesia

Incienso

Jamón

Jinete

Jirafa

Jorobado

Langostino

León

Libro
Linterna
Mano
Manzana
Monstruo
Mosaico
Mosca
Nudo
Ojos

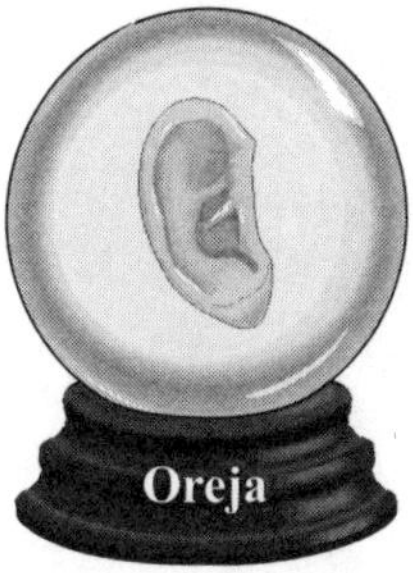

Oreja

Oso

Pala

Paraguas

Pato

Pavo

Peine

Pie

Pierna

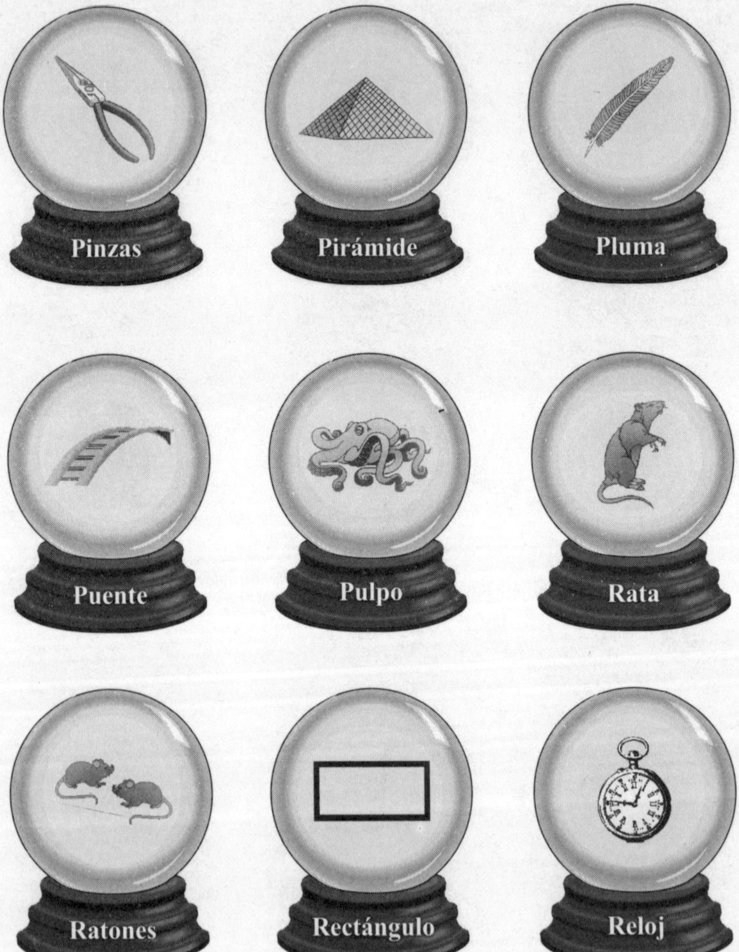
Pinzas
Pirámide
Pluma
Puente
Pulpo
Rata
Ratones
Rectángulo
Reloj

Sanguijuela

Sapo

Serpiente

Sierra

Sofá

Sol

Sombrero

Tambor

Tienda

Tijeras

Techo

Topo

Toro

Torre

Trébol

Triángulo
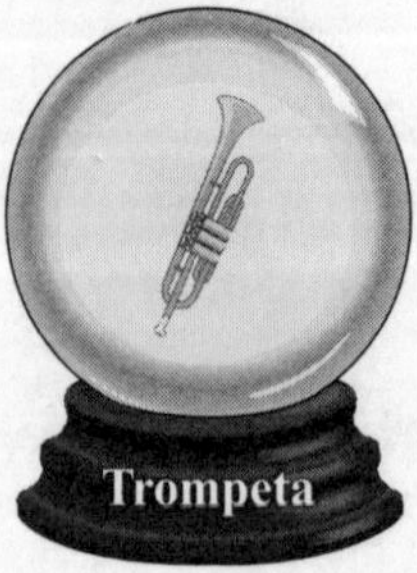
Trompeta

Vaca

Vaso

Ventana

Volcán

Yunque

TÍTULOS DE ESTA COLECCIÓN

Alejandro Magno
Beethoven
Buda
Confucio
Che Guevara
Cristóbal Colón
Dante
Gandhi
Hitler
Jesús
Juan Diego
Juan XXIII
Julio César
Leonardo Da Vinci
Mahoma
Marco Polo
Miguel Ángel
Mozart
Napoleón
Pancho Villa
Pitágoras
San Francisco de Asís
Shakespeare